LA VIE SECRÈTE DES ENFANTS

15, rue Soufflot, 75005 Paris

ISBN : 978-2-7381-3497-4

www.odilejacob.fr

Édouard Gentaz,
Solange Denervaud, Léonard Vannetzel

LA VIE SECRÈTE DES ENFANTS

Odile Jacob

Sommaire

Introduction

Comment accompagner le développement psychologique de nos enfants ? Quels sont leurs besoins ? Quelles sont leurs compétences dans les domaines affectifs, sociaux, cognitifs ou sensori-moteurs ? Comment se développent-elles ? Telles sont les questions auxquelles répond cet ouvrage en vous apportant des informations claires, validées scientifiquement et accessibles à tous, que vous soyez parents, grands-parents, étudiants, professionnels de la petite enfance ou tout simplement désireux de mieux comprendre les comportements de l'enfant et leur évolution à différents âges.

Vous allez être étonnés par l'inépuisable ingéniosité des chercheurs pour élaborer des expériences qui permettent de mettre en évidence un nombre incroyable de compétences, dont certaines étaient jusqu'alors insoupçonnées, et de mieux comprendre comment elles émergent et se développent au cours de l'enfance.

Vous allez aussi découvrir que votre enfant, dès sa naissance, n'est pas simplement une « machine à réflexes » ou un « être végétatif », mais déjà une personne avec des capacités et des connaissances, innées ou acquises, générales ou spécifiques ; l'enfant est une véritable « machine à apprendre ». Le cerveau du bébé ne doit plus être considéré comme une « page blanche » sur laquelle ses compétences s'acquièrent par la seule exposition à un environnement et à de simples conditionnements (⟶ p. 146). De même, on sait que l'enfant ne se développe pas par la simple maturation biologique à partir de connaissances innées. Actuellement, la plupart des chercheurs considèrent que le développement de l'enfant dépend de compétences ou de connaissances innées, associées au rôle crucial de l'environnement physique et socioculturel. Par l'intermédiaire des outils mentaux dont il dispose ou qu'il a construits, l'enfant va apprendre à découvrir le monde, à s'y adapter et à le transformer.

Nous pensons que l'étude du développement psychologique des enfants et de leurs compétences présente deux grands intérêts. Le premier est d'ordre théorique : ces études contribuent à une meilleure connaissance et à une plus grande compréhension de la nature humaine. Un nombre important de chercheurs dans des disciplines comme la psychologie, les neurosciences ou la psycholinguistique travaillent dans le monde entier sur cette question fondamentale. De nouveaux savoirs sont publiés tous les jours dans les revues scientifiques internationales. Cependant, ces résultats ne sont malheureusement pas toujours assez vulgarisés, ni suffisamment diffusés auprès du grand public. C'est ce constat qui nous a motivés pour écrire ce livre.

Ce livre présente aussi un intérêt d'ordre social : les savoirs présentés et diffusés dans les médias participent aux conceptions et aux représentations que les adultes – les parents bien sûr, mais aussi tous ceux qui évoluent autour de l'enfant – ont des enfants et de leurs compétences, et influencent notre manière de les accompagner dans leur développement.

D'une manière générale, le jeune enfant est actuellement considéré comme compétent, fragile et individuellement précieux, les parents devant lui procurer protection et subvenir à ses besoins jusqu'à un âge assez avancé – plus d'une vingtaine d'années dans un grand nombre de cas ! Cela n'a pas toujours été le cas : les enfants étaient jadis considérés comme une force de travail et devaient apporter leur contribution à la famille, et ce dès le plus jeune âge, ce qui reste encore le cas malheureusement dans de nombreux pays. L'indépendance et l'autonomie sont deux valeurs centrales de la socialisation dans nos sociétés occidentales actuelles, que l'on retrouve dans la façon dont les parents aident leurs enfants à grandir.

Par ailleurs, devenir parent provoque un véritable bouleversement psychologique chez la mère et le père. La parentalité permet de rendre compte des différentes facettes qui influencent l'expérience de parent et qui peuvent expliquer les défis et les contraintes qui l'accompagnent. Il est donc important que les parents aient confiance en eux et se sentent capables d'assumer leur rôle aussi bien dans la vie quotidienne, dans la réalisation de tâches courantes, comme préparer les repas ou changer l'enfant, que dans leurs interactions avec lui, avec tout ce que cela implique comme corrélats émotionnels : le stimuler, lui sourire, partager le plaisir éprouvé à jouer ensemble, le consoler s'il est triste, répondre à ses sollicitations, lui transmettre des règles de vie et établir des limites, le gronder le cas échéant. Un regard éclairé sur le développement psychologique de l'enfant peut donc aider les parents à mieux comprendre et à dépasser les moments difficiles.

Il est facile d'imaginer que le regard porté par les parents sur leur enfant influence la façon dont ils se comportent avec lui. Schématiquement, si les parents ont une conception d'un enfant « peu compétent », ils seront moins enclins à développer les interactions, étant persuadés qu'il « ne comprend rien », alors que, au contraire, une conception d'un « enfant compétent » favorisera ces interactions. Nous pensons que ce livre aidera les jeunes parents dans la découverte et dans l'exercice de leur parentalité.

Pour terminer, précisons que les questions abordées ici proviennent d'une sélection partielle et bien entendu partiale de la part des auteurs. Il existe de nombreux sujets à traiter, comme les nouvelles technologies, les pratiques musicales, les activités physiques, le vieillissement ou encore les troubles du développement. Quoi qu'il en soit, pour faciliter la lecture des questions-réponses traitées ici, nous avons choisi de ne pas alourdir le texte avec l'indication des nombreuses publications auxquelles nous faisons référence, comme c'est le cas dans les textes scientifiques. Nous avons préféré indiquer, pour chaque thème abordé, une sélection d'ouvrages de synthèse, accessibles et publiés en français, permettant à ceux qui seraient intéressés par tel ou tel thème d'aller plus loin.

Enfin, nous pensons que les questions posées et les réponses apportées donneront un portrait global du développement de l'enfant ordinaire, de la naissance à l'adolescence.

Le développement affectif

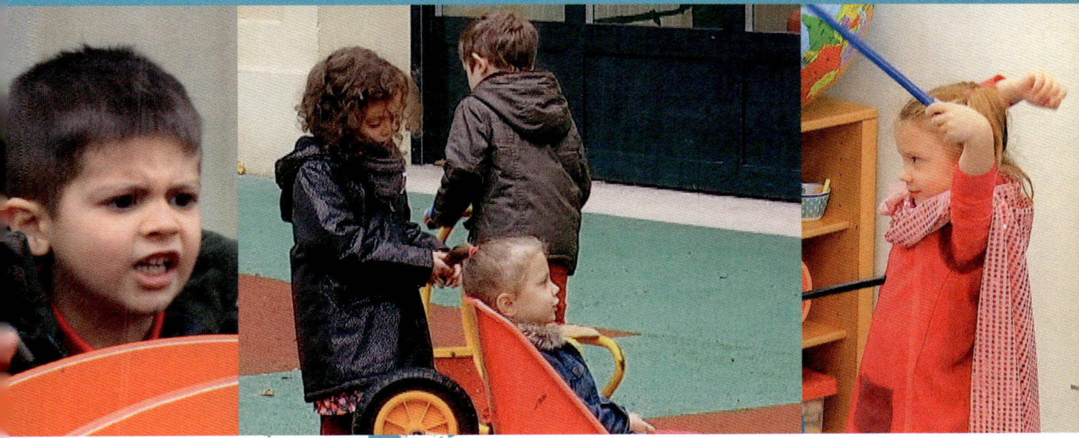

La construction de la vie affective

Nous ne sommes pas faits pour vivre seuls. Nous sommes par définition des êtres sociaux et nous avons besoin de tisser des liens forts d'amour ou d'amitié. Nous construisons des petits réseaux, amoureux, familiaux ou amicaux, qui constituent notre base de sécurité affective. Ces réseaux nous sont indispensables pour nous développer harmonieusement, partager les bons moments et affronter les aléas du quotidien. Bien entendu, ces réseaux évoluent, changent de nature et de taille au cours de la vie. La manière dont nous tissons et entretenons ces liens affectifs à l'âge adulte est influencée par nos expériences antérieures, notamment par la qualité de nos premières relations affectives. C'est pourquoi celles-ci sont fondamentales.

Les comportements d'attachement des bébés

Nous savons qu'un petit enfant ne peut pas survivre seul. Il a des besoins physiologiques évidents bien connus, comme respirer, dormir ou se nourrir. Cependant, ce ne sont pas ses seuls besoins. En effet, dès la naissance, le bébé dispose de plusieurs comportements, comme les pleurs, le suivi du regard, le « sourire aux anges » pendant son sommeil (le sourire social intentionnel apparaît, lui, autour de 2 mois), la succion et l'agrippement. Ces comportements d'attachement correspondent au besoin primaire inné de lien affectif ou d'attachement des bébés, à leur besoin de protection indispensable pour explorer le monde. Les objectifs de ces comportements sont d'encourager la proximité avec une personne de l'entourage et d'activer ainsi la capacité de celle-ci à s'occuper d'un plus petit que soi. Cette personne, qu'on appelle *caregiver*, ou « donneuse de soins », est en général incarnée par la mère, mais une autre personne peut jouer ce rôle.

La recherche de proximité et les besoins de sécurité ne sont pas les mêmes pour tous les enfants. Il existe même de grandes différences entre eux, et chacun va tester et déployer des stratégies bien spécifiques pour trouver la sécurité qu'ils recherchent auprès de leur *caregiver*.

Comment se développe l'attachement ?

Le développement de l'attachement suit quatre étapes successives :

- **L'étape 1 (1-3 mois)** est une période de préattachement, durant laquelle les objectifs du bébé sont, avec ses comportements d'attachement, d'obtenir la proximité d'une personne de son entourage quelle qu'elle soit et d'activer sa capacité à prodiguer des soins (*caregiving*).
- **L'étape 2 (3-6 mois)** est une période d'émergence de l'attachement dans laquelle l'enfant privilégie les personnes qui s'occupent régulièrement de lui. À cette étape, l'enfant sourit moins spontanément à un étranger, même s'il n'en a pas peur. Personne n'est encore la « base de sécurité », mais les comportements favorisant la proximité sont dirigés vers une ou plusieurs figures repérées comme familières (la mère et le père, en général). Les comportements d'attachement envers ces personnes familières s'intensifient et se diversifient, sous l'effet d'une interaction vertueuse entre les personnes familières et le bébé. Par exemple, plus le bébé répond en souriant aux sourires de la personne familière, plus il éclate de rire aux mimiques ou grimaces de cette personne, plus cette dernière souhaite interagir avec lui.
- **L'étape 3 (6-12 mois)** est considérée comme la période d'attachement à proprement parler, c'est-à-dire que l'attachement à une figure d'attachement est franc et massif.
- **Enfin, lors de l'étape 4 (à partir de 12 mois),** on observe une résistance à la séparation et une peur des étrangers car l'enfant a pu se former ce qu'on nomme un modèle interne d'attachement. Le modèle interne d'attachement du bébé est le résultat d'une construction mentale progressive provenant de ses expériences relationnelles durant ces quatre étapes successives. Le bébé intériorise alors les réponses fréquentes de sa figure d'attachement à ses

besoins et à ses comportements d'attachement. Il construit un modèle mental de lui-même et un modèle mental d'autrui en situation d'alarme/détresse. Par exemple, en fonction de ses expériences passées, le bébé découvre progressivement s'il peut vraiment compter ou non sur cette personne pour venir le réconforter dans une situation de détresse.

> **Le saviez-vous ?**
>
> **Le jeune enfant peut s'attacher à plusieurs figures – la mère et le père en général (pas nécessairement les parents biologiques), mais aussi un grand-parent, un oncle, une grande sœur ou même une personne extérieure au cercle familial, comme une nourrice. Ces différents types d'attachement sont complémentaires et n'entrent pas en compétition entre eux.**

Plusieurs modèles sont construits par le jeune enfant et révisés dans les premiers temps en fonction, d'une part, de ses expériences interactives avec la figure d'attachement concernée et, d'autre part, de ses capacités générales. C'est entre 4 et 6 ans que l'enfant a intégré un modèle mental général de soi et des autres en situation de détresse. C'est ce modèle qui le guide dans sa manière de traiter et de réagir à une situation donnée, de se conduire avec les autres, ou encore dans sa façon de comprendre et d'interpréter le comportement d'autrui. Plus ses expériences relationnelles passées sont nombreuses et variées, plus l'enfant pourra anticiper et s'adapter facilement à des situations sociales nouvelles.

Différents types d'attachement

La disponibilité initiale de ses parents (ou de la personne qui prend soin de lui) influence le dépassement de la peur (→ p. 27) et la conquête de l'autonomie émotionnelle de l'enfant. L'enfant intègre en effet le fait que la figure d'attachement constitue un soutien et une protection suffisamment disponible pour qu'il puisse s'éloigner et explorer le monde sans crainte. Cette figure d'attachement constitue donc sa base de sécurité affective. En observant les comportements des bébés à l'âge de 10 mois, on peut identifier deux grands types d'attachement permettant de décrire la qualité du lien aux différents *caregivers* :

Les doudous

La séparation du bébé d'avec sa maman (ou son papa) engendre un certain nombre de peurs qu'il va devoir progressivement apprivoiser. Pour cela, le bébé peut faire appel à un objet extérieur pour se rassurer : l'objet transitionnel. Il peut s'agir d'une peluche, d'un bout de tissu ou de tout autre objet qui n'a pas la valeur d'un jouet. En effet, l'enfant développe un lien affectif particulier avec ce doudou qu'il est important de respecter.

• Laissez-lui son doudou aussi longtemps qu'il le demande ; il se régule tout seul à son rythme et selon ses besoins.

• Ne le lavez pas trop souvent, l'odeur participant à cette régulation émotionnelle (→ p. 20).

• Enfin, sachez que les doudous ne sont pas universels. Tous les enfants, que ce soit en France, en Suisse ou ailleurs, n'ont pas forcément de doudou, et ce n'est pas un problème ! Par ailleurs, il y a des pays, comme l'Espagne, ou certaines zones en Équateur (par exemple, les hauts plateaux andins), où les enfants font très peu appel à des doudous.

• **Un attachement sécure,** qui se caractérise par un bon équilibre entre la recherche de réconfort et l'exploration de l'environnement : l'enfant peut partir à la découverte du monde qui l'entoure, il sait qu'il peut compter sur sa base de sécurité à son retour.

• **Un attachement insécure,** qui se caractérise par des déséquilibres, soit en faveur de la recherche de réconfort – et, dans ce cas, les comportements d'exploration du monde sont très limités –, soit en faveur de l'exploration de son environnement – et, dans ce cas, les comportements d'attachement ne peuvent pas s'exprimer même si le bébé peut les ressentir intérieurement.

Quand on examine la répartition des types d'attachement chez les enfants âgés de 11 à 14 mois, environ 60 % ont des comportements dits sécures. Toutefois, le type d'attachement peut changer au cours du développement de l'enfant et de l'adolescent selon les expériences vécues et la manière dont elles ont été interprétées.

Tout se joue-t-il dans les premières années ?

La qualité de nos premières relations, si elle oriente notre manière de grandir, ne rend pas impossible la modification ultérieure de nos comportements. Toutefois, la qualité de l'attachement élaboré durant les premières années est un prédicteur, au sens statistique, du développement de l'enfant, de ses relations avec les autres et de sa réussite scolaire. En d'autres termes, la qualité de l'attachement contribue partiellement (mais non totalement) au développement psychologique ultérieur de l'enfant et de l'adolescent.

CONSEILS DE LECTURE

J. Bowlby, *Amour et rupture : les destins du lien affectif*, Paris, Albin Michel, 2014.

P. Pierrehumbert, *Le Premier Lien. Théorie de l'attachement*, Paris, Odile Jacob, 2003.

Comment se construit la personnalité

Lorsque nous rencontrons quelqu'un pour la première fois, nous n'hésitons pas au bout de quelques secondes à définir sa personnalité, à juger de son charme ou de son agressivité – même s'il s'avère que ces jugements parfois hâtifs posent de nombreuses difficultés, notamment en termes de fiabilité. Traditionnellement, on définit la personnalité par cinq dimensions fondamentales qui correspondent à des traits de caractère. Ces derniers, influencés par l'environnement, permettent de décrire les caractéristiques d'une personne et de prévoir certaines de ses réactions spontanées.

Les cinq dimensions de la personnalité chez l'adulte

La théorie des cinq dimensions de la personnalité de l'adulte est un grand classique de la recherche en psychologie. Chaque dimension inclut des traits de caractère qui lui sont propres :

1. L'ouverture, c'est-à-dire l'envie de faire des expériences nouvelles, l'imagination, le sens de l'esthétique et la curiosité intellectuelle.

2. La conscienciosité, qui évalue le besoin de réussite, le sens du devoir, l'organisation, l'ordre et le goût des choses bien faites.

3. L'extraversion, qui correspond à la tendance à l'extériorité ou à l'action, l'affirmation de soi et l'assurance en groupe, la recherche de sensations et d'émotions positives.

4. L'agréabilité, c'est-à-dire la tendance à aider les autres, la bienveillance, la confiance en autrui, mais également le respect des règles, la modestie et la sensibilité.

5. Le névrosisme, qui définit la tendance à l'instabilité émotionnelle et aux émotions négatives : l'anxiété, la colère/l'irritabilité, la timidité sociale et la vulnérabilité.

Grâce à des questionnaires, chaque dimension, indépendante l'une de l'autre, est quantifiée sur une échelle graduée allant de « pas du tout » à « beaucoup ». La personnalité de chacun correspond à la combinaison de ces cinq dimensions à des degrés respectifs ; c'est ce qui la rend unique.

La construction de la personnalité

La personnalité de l'adulte est le résultat des interactions entre des composantes génétiques (le tempérament) et des traits acquis au cours de l'enfance (le caractère). Le tempérament serait donc inné et correspondrait aux différences individuelles de réactions émotionnelles et de comportements présents dès le plus jeune âge ; mais il serait fortement modulé, dès les premiers mois de vie et même avant, par des facteurs environnementaux, comme le stress de la mère pendant la grossesse. Le caractère regrouperait les traits acquis de la personnalité, influencés par l'éducation et par l'environnement socioculturel.

La personnalité de l'enfant se construit par une interaction permanente entre le tempérament et le caractère en constante évolution. Le degré de stabilité de la personnalité au cours du développement est un sujet qui suscite le débat. Globalement, durant l'enfance, les traits de caractère seraient malléables, alors qu'à l'âge adulte, la personnalité serait plus stable, même si certains traits peuvent évoluer à la suite d'événements marquants.

À quel âge l'enfant acquiert-il sa personnalité ?

Pour définir à quel âge les enfants acquièrent leur personnalité, on utilise aussi des questionnaires, surtout auprès des plus âgés. Cependant, notamment pour les plus jeunes, afin de compléter les informations recueillies, on demande aux parents de décrire les comportements de leur enfant. Ces deux approches permettent de comparer les deux points de vue et d'affiner ainsi la description de la personnalité de l'enfant.

On retrouve chez les enfants âgés de plus 6 ans les cinq dimensions évoquées plus haut :

1. L'imagination et ses trois traits de caractère : créativité, intelligence et curiosité.

2. La consciencieosité et ses quatre traits : motivation, soin/ordre, concentration et persévérance.

3. L'extraversion et ses cinq traits : timidité, expression, optimisme, énergie et vigueur.

4. La bienveillance, correspondant à l'agréabilité, et ses cinq traits : égocentrisme, irritabilité, obéissance, dominance et altruisme.

5. La stabilité émotionnelle et ses deux traits : anxiété et confiance en soi.

La personnalité de l'enfant est aussi la combinaison de ces cinq dimensions à des degrés respectifs, ce qui la rend unique. Mais, à la différence de celle de l'adulte, la personnalité de l'enfant est beaucoup moins stable : elle est en construction et évolue en permanence. La façon qu'a un jeune enfant (par rapport à un adulte) de se comporter habituellement dans une situation donnée (ce qui constitue ses traits de personnalité) dépend beaucoup de son développement cognitif et affectif, ainsi que du contexte social. Par exemple, sa réaction face à l'erreur d'un camarade peut changer (de « peu aimable » à « très aimable »), selon, d'une part, son degré d'affinité avec celui-ci (simple camarade ou ami, → p. 46) et, d'autre part, s'il est capable de se mettre à sa place, de comprendre son point de vue (→ p. 57), ce qui constitue une compétence cognitive de haut niveau qui émerge à partir de 5 ans. Le jeune enfant est également très sensible aux variations physiologiques dont il n'a pas encore conscience, comme la faim (l'hypoglycémie), la fatigue ou le stress (→ p. 122).

Si aucun événement marquant ne survient, on estime que la personnalité commence à se stabiliser à partir de l'adolescence.

CONSEIL DE LECTURE

J.-P. Rolland, *L'Évaluation de la personnalité. Le modèle en cinq facteurs*, Bruxelles, Mardaga, coll. « Pratiques psychologiques », 2004.

Les émotions

Les émotions jouent un rôle crucial dans les relations interpersonnelles et la réussite personnelle, scolaire ou professionnelle. Elles font partie intégrante de notre vie.

Contrairement aux anciennes conceptions, elles ne sont plus considérées comme « négatives », nous empêchant de raisonner ou d'agir de manière rationnelle, bien au contraire. Nous sommes généralement capables de reconnaître et de comprendre les émotions qu'expriment nos enfants, notre conjoint ou nos collègues de travail simplement en regardant l'expression de leur visage. Nous sommes également capables d'identifier la nature des émotions en fonction du ton de la voix, de la posture corporelle ou du contexte. Cette capacité est bien évidemment importante pour entretenir de bonnes relations avec ses proches. Mais comment se développe-t-elle ?

Comment se développe la capacité d'identification des émotions ?

La capacité d'identification des émotions à partir des expressions faciales émerge au cours de la première année. Vers 5-7 mois, le bébé parvient à reconnaître, visuellement ou auditivement, les émotions de base comme la joie, la surprise, la peur, la colère, le dégoût et la tristesse. Il est ainsi capable de faire la différence entre deux expressions faciales du même visage, par exemple, entre la joie et la colère. Vers 6-8 mois, il est capable de les catégoriser, c'est-à-dire d'extraire une expression émotionnelle commune à différents visages. Compte tenu de l'incroyable diversité des visages humains, cette catégorisation est essentielle pour extraire leurs émotions communes, les regrouper et ainsi faciliter les interactions humaines.

Dès l'âge de 2 ans, l'enfant est capable d'une première catégorisation verbale de certaines émotions de base, en particulier les émotions positives (agréable/plaisant ; « c'est bon ») et négatives (désagréable/déplaisant ; « ce n'est pas bon »). Par la suite, ces catégorisations continuent de se développer et l'enfant devient capable de catégoriser un nombre croissant d'émotions de plus en plus finement : la joie à partir 3 ans ; la tristesse, la colère et la peur à partir de 5-6 ans. L'identification verbale de la surprise et du dégoût se fera plus tard, entre 6 et 10 ans.

Cependant, identifier des émotions ne signifie pas forcément les comprendre ; il s'agit là seulement d'une première étape, nécessaire, mais pas suffisante.

Comprendre les émotions des autres

Nous observons une compréhension croissante du vocabulaire émotionnel et des indices physiologiques (rythme cardiaque, sueur, rougissement, etc.) qui permettent d'identifier une émotion tout comme les situations capables de les induire.

- **Entre 2 et 4 ans,** l'enfant commence à comprendre les effets de causes externes ou de certains souvenirs d'événements sur les émotions qu'il ressent. Par exemple, si on lui propose d'imaginer des situations précises, il est capable dès 4 ans de comprendre ce qu'il devrait exprimer comme émotion selon le contexte.
- **À partir de 5 ans,** l'enfant commence à comprendre comment les désirs ou les envies peuvent induire certaines émotions. Vers 6-7 ans, il commence à comprendre que l'on peut masquer ce que l'on ressent, et à faire la distinction entre l'apparence d'une émotion et sa réalité.
- **Enfin, vers 9-10 ans,** il comprend les émotions mixtes, c'est-à-dire le fait de ressentir plusieurs émotions en même temps, par exemple être heureux de recevoir un vélo en cadeau, mais avoir peur de l'utiliser. Cependant, si comprendre une émotion implique son identification, cela ne nous dit rien sur la capacité à la contrôler !

Contrôler ses émotions

Notre capacité à contrôler ou à réguler nos émotions nous permet d'en modifier la nature, l'intensité, la durée ou la façon dont elles s'expriment. C'est très utile dans notre vie quotidienne, mais le processus d'acquisition est difficile et très lent. Au cours de leur développement, les enfants vont apprendre à moins dépendre des adultes pour réguler leurs émotions.

Durant la première année de vie, les bébés ne disposent que de certains mécanismes tels que le toucher (avec les câlins) ou le détournement du regard pour diminuer leurs états émotionnels négatifs.

De 3 à 6 ans, les jeunes enfants développent leur capacité à exprimer leurs émotions et à les masquer, ou encore à les minimiser dans certaines circonstances. Ils développent également, durant cette période préscolaire, leur langage et deviennent dès lors capables de penser leurs émotions et de parler de ce qu'ils ressentent. À l'école primaire, la maîtrise des habiletés cognitives et du contrôle attentionnel (→ p. 80) jouent un rôle important dans l'acquisition des capacités de régulation des émotions. Au cours de leur développement, les enfants perçoivent de mieux en mieux de quelle manière leurs efforts de régulation ont des effets sur le niveau des émotions qu'ils ressentent.

À la préadolescence, ils deviennent capables d'utiliser des stratégies de régulation très spécifiques, telles que la résolution de problèmes, la recherche de soutien, la distraction (c'est-à-dire penser à autre chose) ou la réévaluation de l'événement (par exemple estimer que cela peut être finalement bénéfique, en d'autres termes, positiver).

En conclusion, la capacité à reconnaître et à comprendre les différentes expressions émotionnelles ainsi qu'à réguler ses émotions n'est pas chose simple pour les enfants. Le développement de cette capacité est lent, progressif et peut même s'entraîner (→ p. 23). Il constitue un aspect important du développement cognitif et il est lié à des comportements sociaux, à la réussite scolaire et à la santé. En effet, on sait que les enfants et les adolescents qui ont de bonnes compétences émotionnelles ont de meilleurs résultats que les autres à l'école, de meilleures relations sociales et davantage de comportements altruistes.

Comment accompagner le développement émotionnel de votre enfant ?

- Dès son plus jeune âge, **aidez-le à identifier ses émotions** en discutant des situations dans lesquelles il a réagi, et nommez-les.
- **Mimez des émotions** de façon théâtrale, afin de le familiariser avec le vocabulaire et le décryptage de la gestuelle émotionnelle.
- **Anticipez avec lui les situations dans lesquelles il se sent en difficulté** : stress lié à un examen, peur d'aller dormir ailleurs, etc. Parlez-en avec lui avant, afin qu'il soit préparé à ce qu'il va ressentir et familiarisé avec ses émotions, et évitez ainsi la (mauvaise) surprise !
- **N'hésitez pas à verbaliser vos émotions,** afin que votre enfant puisse prendre exemple sur vous.

Entraîner ses compétences émotionnelles à l'école

La capacité à identifier et à comprendre les expressions émotionnelles est difficile pour les enfants, mais elle peut s'entraîner. Ces entraînements regroupent une grande variété de matériel comme des jeux, des histoires, des vidéos, ou des photos, et des exercices comme des discussions ou des jeux de rôle, et enfin des outils d'évaluation. Pour se représenter concrètement en quoi consiste un tel entraînement, voici un exemple proposé dans le cadre scolaire à des enfants de langue française âgés de 6 à 12 ans. Cet entraînement comprend sept séances destinées à travailler certaines composantes des compétences émotionnelles.

- **L'identification** : les enfants doivent apprendre 1) à identifier les six émotions de base (joie, peur, dégoût, colère, surprise et tristesse) à partir de photos d'expressions faciales et à repérer des constantes dans l'identification des expressions faciales émotionnelles indépendamment de l'âge, du sexe et du groupe ethnique ; 2) à diversifier le vocabulaire rattaché à ces émotions et à relier les expressions faciales émotionnelles au vocabulaire émotionnel ; et 3) à lister les paramètres intervenant dans l'identification des émotions (visage, voix, posture et contexte) et à mettre en avant l'importance de ces paramètres en fonction des situations.

- **L'expression** : les enfants doivent apprendre à exprimer leurs émotions de différentes façons et à prendre conscience des effets de leur expression sur eux-mêmes et sur les autres.
- **La compréhension** : les enfants doivent 1) apprendre les situations à l'origine des émotions de base et 2) comprendre qu'une situation peut déclencher des émotions contradictoires ou des émotions différentes selon les personnes et selon le contexte.
- **La régulation** : les enfants doivent 1) apprendre à identifier le ressenti lié à une émotion désagréable, non contrôlée ou non exprimée, et 2) à déterminer les réactions possibles face à diverses émotions ainsi que les stratégies de régulation les plus appropriées en fonction des situations.

Quand on mesure les compétences des enfants avant et après l'entraînement, on observe une amélioration des performances dans l'identification et la compréhension des expressions faciales chez ceux ayant bénéficié de l'entraînement aux « compétences émotionnelles » comparativement au groupe contrôle qui a suivi un entraînement sur des activités scolaires traditionnelles. Globalement, cet effet est bénéfique à tous les âges, mais les progrès sont plus importants chez les plus jeunes : la progression est de 32 % à 6 ans, de 22 % à 8 ans, de 10 % à 10 ans et de 4 % à 12 ans.

En conclusion, cette recherche montre qu'il est possible d'entraîner les compétences émotionnelles des enfants et elle apporte de nouvelles perspectives éducatives en proposant un entraînement intégré au cadre scolaire, dispensé par des enseignants et adapté à des âges différents.

CONSEILS DE LECTURE

D. Sander (dir.), *Le Monde des émotions*, Paris, Belin, 2016.

A. Theurel et É. Gentaz, « Entraîner les compétences émotionnelles à l'école », *ANAE*, n° 139 : *Apprentissages, cognition et émotion*, vol. 27, t. VI, 2016, p. 545-555.

zoom sur...

LES EXPRESSIONS ÉMOTIONNELLES

En regardant ces photos, vous n'aurez aucun mal à identifier les expressions émotionnelles des enfants, comme la joie, la colère ou la tristesse.

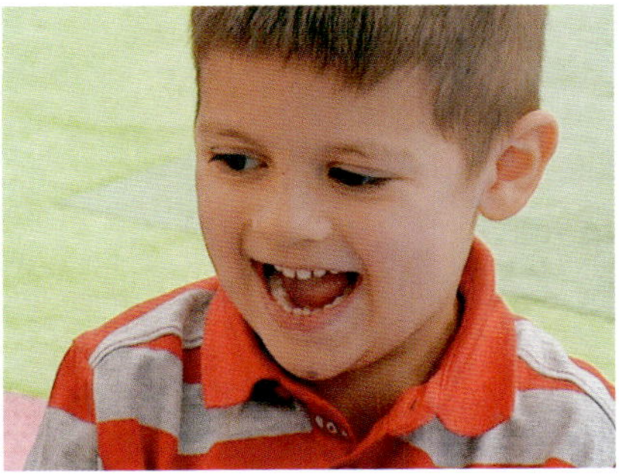

La joie est très facilement reconnaissable sur les visages : les lèvres des enfants s'étirent vers les oreilles, et leurs joues ont tendance à remonter.

La joie s'exprime aussi à travers les postures corporelles et les gestes.

La colère est aussi facilement reconnaissable : les sourcils se froncent.

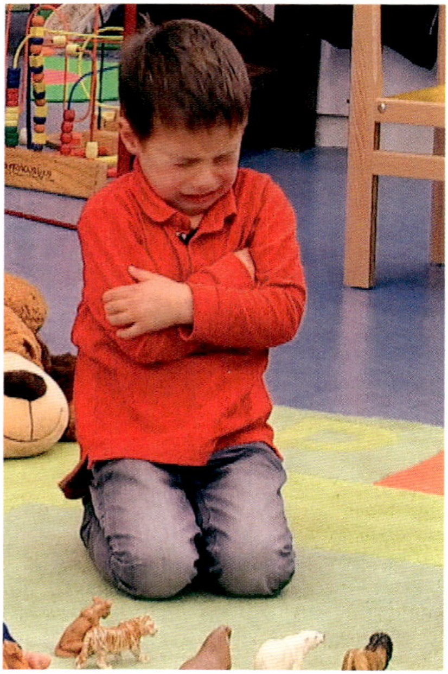

Lorsque l'enfant est triste, les coins de ses lèvres tombent et ses paupières s'abaissent.

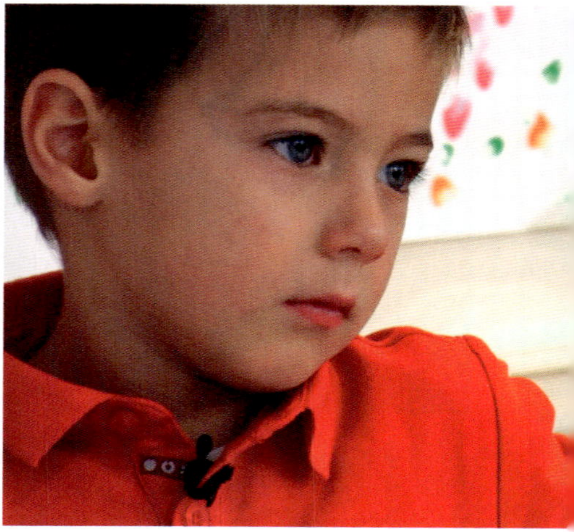

Toutes les émotions s'expriment aussi avec le corps et les sens : les postures corporelles et le ton de la voix sont de précieux indices sur la nature des émotions exprimées par l'enfant.

La peur du noir

La peur est une émotion que l'enfant ressent dès le plus jeune âge. Elle se manifeste sous diverses formes et fait partie du développement normal de l'enfant. Il faut différencier les peurs ordinaires, qui sont adaptatives, des peurs pathologiques. Plusieurs critères permettent de distinguer ces deux types de peurs : l'âge ou le stade développemental auquel une peur s'exprime, sa persistance dans le temps, ainsi que son impact sur le quotidien.

D'où viennent les peurs de l'enfance ?

On peut concevoir que nous serions préparés biologiquement à avoir peur dès le plus jeune âge. La peur de situations, d'objets ou d'animaux potentiellement menaçants est en effet adaptative, c'est-à-dire qu'elle a pour but de nous alerter afin que nous puissions mettre en œuvre la stratégie adéquate pour y échapper. Par exemple, l'obscurité ou certains animaux (serpents, araignées) ont pu représenter un danger pour l'être humain à une certaine époque ou dans certains environnements dangereux.

D'autres facteurs contribuent également à l'apparition des peurs chez l'enfant, notamment son environnement familial. Dans cette perspective, la peur du noir pourrait être ainsi acquise par l'enfant de trois façons différentes (→ p. 146) :

- **Par conditionnement direct** : l'enfant a peur du noir après avoir été enfermé dans une pièce obscure, la plupart du temps sa chambre la nuit.
- **Par imitation** : l'enfant a vu un membre de sa famille avoir peur du noir, et il reproduit le comportement qu'il a observé.

- **Par transmission d'informations négatives :** les parents insistent sur le risque de se faire attaquer la nuit, racontent des histoires qui font peur… que les jeunes enfants peuvent aussi apprécier !

Les différents types de peurs

Il existe plusieurs types de peurs partagés par les jeunes enfants : par exemple, la peur des personnes qu'ils ne connaissent pas, la peur des bruits forts, la peur de certains animaux, la peur d'être laissé tout seul ou encore la peur de l'obscurité. Jusqu'à l'âge de 1 an, les enfants ont surtout peur de stimuli présents dans l'environnement immédiat, comme des bruits soudains, ou de nature concrète, comme des serpents dans le jardin ou des araignées au plafond de leur chambre. Vers la fin de la première année, on observe une augmentation de la peur ressentie envers les personnes ou des objets inconnus. Plus tardivement, les enfants manifestent souvent la peur d'être laissés seuls, ainsi que la peur du noir, très fréquente à partir de 18 mois, tout comme la peur des animaux. L'émergence de cette appréhension est liée au développement de l'imagination de l'enfant (⟶ p. 34) qui sera soudain capable de « voir » des images effrayantes ou de s'inventer des histoires terrifiantes lorsqu'il est seul. Bien entendu, la pénombre accentue ce phénomène.

En résumé, au cours du développement, les peurs des enfants ne sont plus seulement basées sur des éléments immédiats et concrets, mais intègrent aussi des aspects d'anticipation et des éléments de nature imaginaire ou abstraite. Ces peurs, habituellement de courte durée, diminuent au cours du développement et disparaissent pratiquement toutes à l'âge de 6 ans – à l'exception de la peur des serpents !

Comment aider mon enfant à maîtriser sa peur du noir ?

Les enfants eux-mêmes mettent en place un certain nombre de stratégies pour faire face à leur peur du noir (⟶ p. 20) :

- **Le contrôle interne :** l'enfant tente de se convaincre qu'il n'y a rien qui mérite d'avoir peur.
- **Le support social :** l'enfant demande à un parent de rester auprès de lui.

● **L'utilisation d'objets :** l'enfant se rassure grâce à un doudou ou à un objet familier (—> p. 15).

● **L'évitement :** il fait tout pour retarder le moment du coucher.

On sait cependant encore peu de chose sur l'efficacité réelle de ces stratégies personnelles.

De leur côté, les parents inventent souvent toutes sortes de tactiques pour tenter de calmer la peur de leur enfant. Ils peuvent, par exemple, lui laisser un peu de lumière dans sa chambre, en allumant une veilleuse ou en laissant la porte de la chambre entrebâillée, ou encore permettre à titre exceptionnel la présence d'un frère ou d'une sœur dans la chambre. L'important est de prendre au sérieux la peur de l'enfant, mais sans dramatiser. Cela peut suffire à l'aider à contrôler et à dépasser sa peur de l'obscurité. En revanche, certaines réactions surprotectrices des parents peuvent maintenir la peur chez l'enfant, au vu des bénéfices secondaires engendrés : coucher systématiquement l'enfant avec soi ou l'autoriser à se relever, par exemple.

Dans tous les cas, il est important d'accompagner l'enfant en accréditant son émotion sans la minimiser. Une fois l'enfant consolé et rassuré, il est possible de mettre des mots sur sa peur avant de le remettre au lit.

Enfin, la « bibliothérapie » est souvent un moyen efficace pour aider les enfants à surmonter leurs peurs nocturnes et résoudre les problèmes d'endormissement qui les accompagnent. Il s'agit de livres, parfois écrits par des spécialistes du domaine, qui racontent des histoires où le noir, l'obscurité, sont abordés de façon positive, incluant des personnages y faisant face et qui peuvent constituer des modèles à suivre pour l'enfant.

CONSEILS DE LECTURE POUR LES ENFANTS

C. Dolto, *La Nuit, le noir*, Paris, Auzou, 2007.

M.-H. Place et C. Fontaine-Riquier C., *Balthazar n'a pas peur du noir et Pépin presque pas non plus*, Paris, Hatier Jeunesse, 2016.

CONSEIL DE LECTURE POUR LES PARENTS

N. Eckmann-Lévy, A. Regusci-Theurillat et É. Gentaz, « La peur du noir chez les enfants », *Médecine et Enfance*, n° 34, 2014, p. 195-196.

De l'utilité de la culpabilité

La culpabilité appartient à la famille des émotions dites morales ou sociales. Ces émotions morales sont déclenchées par des situations sociales et ne sont pas universelles : les causes, les expressions faciales qui s'y rapportent et les conséquences de ces émotions varient selon les cultures. La culpabilité semble avoir un impact positif sur le développement des compétences sociales. À quel âge un enfant est-il en mesure d'éprouver de la culpabilité et en quoi cette émotion lui permet-elle de se construire ?

Honte et culpabilité : quelles différences ?

Le sentiment de culpabilité naît lorsque nous savons avoir fait « quelque chose de mal », c'est-à-dire que nous avons transgressé une norme morale ou lorsque notre comportement provoque la douleur, la perte ou la détresse chez une autre personne. L'expérience émotionnelle de la culpabilité implique un sentiment de tension, des remords et des regrets. Elle motive des actions réparatrices comme le pardon, la confession ou les actions prosociales comme aider la personne victime de notre comportement (→ p. 71). Pour mieux comprendre cette émotion, il convient de la différencier de la honte, avec laquelle elle est souvent confondue, à tort : la culpabilité est une émotion impliquant quelqu'un d'autre, alors que la honte est davantage autocentrée. En effet, la honte est caractérisée par la préoccupation du jugement de l'autre sur soi, la prise de conscience de paraître sous un angle négatif aux yeux de l'autre. Elle fait suite à l'échec d'agir en accord avec ses valeurs personnelles ou celles de l'autre. La culpabilité, elle, est suscitée par la compréhension des conséquences négatives de notre propre comportement parce qu'il a causé un préjudice à quelqu'un qui souffre désormais à cause de nous. Au niveau émotionnel, la honte est généralement accompagnée d'un sentiment d'amoindrissement comme « se sentir petit », d'inutilité et d'impuissance, alors que la culpabilité, elle, implique de la tension et du regret. Quant aux conséquences comportementales, alors que la honte peut conduire l'individu à vouloir se cacher ou disparaître, la culpabilité peut mener à la repentance et à la réparation des dommages causés et à une modification du comportement ultérieur en apprenant de ses erreurs.

La naissance de la culpabilité

Alors que les émotions de base (⟶ p. 20) émergent dès les premiers mois de la vie, les émotions morales ne se développent pas avant 18-24 mois. Ce décalage est expliqué par le fait que ces émotions morales requièrent, d'une part, l'acquisition d'habiletés cognitives préalables, comme la « conscience de soi » (⟶ p. 60) et la compréhension des normes sociales, et, d'autre part, la capacité d'utiliser ces normes pour évaluer son propre comportement. En effet, une véritable conscience de soi se développe autour de 18-24 mois et une bonne compréhension des normes sociales se met en place aux alentours de 17 mois. Par ailleurs, la culpabilité émergerait aussi à mesure que l'enfant développe des capacités d'empathie (⟶ p. 60) face à la colère, à la tristesse ou à la détresse de l'autre et qu'il devient conscient d'avoir une influence sur l'état émotionnel de ce dernier, c'est-à-dire à 24 mois.

Il est difficile de déterminer précisément l'âge à partir duquel un enfant commence à ressentir de la culpabilité étant donné qu'à l'inverse de la tristesse ou de la colère, ce sentiment est accompagné de peu de signaux objectifs externes ; par exemple, aucune expression faciale spécifique ne l'exprime. Toutefois, l'observation d'attitudes telles que l'inconfort ou de comportements comme la recherche de réparation permet de déterminer la présence ou non de culpabilité. Dans cette perspective, dès la deuxième année, les jeunes enfants commencent à être clairement conscients d'avoir fait quelque chose de répréhensible et ressentent la culpabilité qui y est associée. Toutefois, les très jeunes enfants ont du mal à faire la différence entre un mal qu'ils ont causé et un mal qu'ils observent. Selon certaines études, les parents rapportent une augmentation de la culpabilité entre 14 et 24 mois, et une augmentation du remords entre 18 et 40 mois. L'inconfort par rapport aux transgressions, les excuses, la conformité par rapport aux normes de conduite et la préoccupation pour les transgressions des autres augmentent entre 21-33 mois et 34-46 mois. En réponse à une situation de transgression induisant de la culpabilité, les enfants effectuent des actes de réparation dès 3 ans, comme s'excuser d'avoir fait mal à quelqu'un, rendre un objet qu'ils ont pris de force à un autre enfant, et avouent leur bêtise.

Le tempérament de l'enfant et l'attitude des parents

Le développement de la culpabilité chez l'enfant semble être particulièrement lié à deux facteurs : son tempérament (⟶ p. 17) et l'attitude de ses parents. Ainsi, l'enfant qui présente un tempérament anxieux serait plus sensible à la culpabilité. Ensuite, trois « attitudes parentales » sont généralement utilisées pour inciter les enfants à se comporter autrement :

1. **L'affirmation du pouvoir** se fonde sur le recours à la menace, l'usage punitif de la force physique (donner une fessée), la coercition (envoyer l'enfant dans sa chambre), ou la privation (de jouets, de télévision ou d'ordinateur).

2. **Le retrait d'affection** conduit l'enfant à se soumettre à la norme parentale pour faire plaisir à l'adulte ou lui éviter un déplaisir. Lorsque l'enfant s'écarte du comportement attendu, l'adulte l'ignore ou refuse de lui parler.

Ces deux attitudes seraient associées à moins de culpabilité et auraient un effet néfaste sur les acquisitions morales ; la stratégie du retrait d'affection serait quasi inopérante pour induire la culpabilité chez l'enfant.

3. **Le raisonnement inductif** consiste, quant à lui, à expliquer de façon de plus en plus élaborée avec l'âge les conséquences du comportement de l'enfant les unes après les autres pour aider ce dernier à en comprendre les conséquences générales. Le raisonnement inductif renforce l'intériorisation des normes morales et développe l'empathie (⟶ p. 60). Il est également associé à des niveaux élevés de culpabilité et à des comportements de réparation chez les enfants. C'est pourquoi il est préférable de privilégier cette attitude

plutôt que les deux précédentes, dont les effets sur le développement de la culpabilité sont clairement négatifs.

La culpabilité est-elle une émotion utile socialement ?

La culpabilité peut avoir un impact positif sur le développement des compétences sociales. Elle pousse l'enfant à éviter de transgresser les règles et à réparer ses erreurs, ainsi qu'aux comportements prosociaux et au raisonnement moral. Les enfants « tyrans », qui intimident les autres, se sentent beaucoup moins coupables et honteux que les enfants « prosociaux » (→ p. 71) lorsque leurs comportements ont causé un préjudice à autrui ou engendré de la détresse chez un de leurs camarades par exemple. Généralement, ils ne sympathisent pas avec leurs « victimes », ne se sentent pas responsables des dommages causés et, par conséquent, n'éprouvent ni culpabilité ni honte. Au contraire, les enfants prosociaux montrent des niveaux élevés de préoccupation ou d'empathie envers les autres, et éprouvent donc plus de culpabilité et de honte. La culpabilité serait adaptative et constructive, dans le sens où elle favorise les comportements qui améliorent les relations interpersonnelles.

CONSEILS DE LECTURE

D. Sander, et S. Schwartz, *Au cœur des émotions*, Paris, Le Pommier, 2010.

A. Theurel, A. Roux et É. Gentaz, « Le développement de la culpabilité au cours de l'enfance », *Le Journal des professionnels de l'enfance*, n° 101, 2016, p. 37-40.

Pourquoi les enfants aiment « faire semblant »

Les adultes comme les enfants aiment qu'on leur raconte des histoires. Cette attirance naturelle et universelle pour les récits serait due au fait que nous appréhendons la réalité sous forme de séquences d'actions, et que nos pensées s'élaborent facilement sous forme d'images. L'imagination est utilisée à tout âge comme outil pour explorer, s'approprier la réalité et s'inventer de nouveaux mondes.

L'imagination, à quoi ça sert ?

L'enfant fait naturellement usage de son imaginaire sous forme de jeux, d'histoires, de rêves ou de récits afin d'explorer et de s'ouvrir au monde. C'est une manière pour lui de tester ses émotions, en imaginant par exemple différentes saynètes. En effet, son imaginaire va induire des réactions émotionnelles réelles, comme la peur ou la joie (→ p. 20). Il entraîne également ses compétences prosociales par des mises en scène en se mettant lui-même de côté pour se projeter dans un rôle. Il développe ainsi son empathie et comprend peu à peu les points de vue des autres. Lorsqu'il vit ces jeux de rôle « en groupe », il s'approprie également les règles de la vie en société, la collaboration et la négociation. Ensuite, jouer à « faire semblant » lui permet aussi de revivre des moments passés en les répétant et parfois même en imitant les adultes. Il explore ainsi ses souvenirs et verbalise certaines émotions. De plus, il consolide sa mémoire en répétant des actions observées et en se les appropriant. Finalement, c'est une occasion unique pour l'enfant d'explorer la réalité en imaginant les liens de causalité : en faisant semblant de baigner sa poupée dans une baignoire vide et en la séchant, il ancre ainsi sa connaissance du fait que l'eau mouille. Il établit des liens logiques et consolide sa compréhension des lois physiques. Cette tendance spontanée répond donc à différents besoins et contribue à son développement global.

L'émergence du « faire semblant »

Jusqu'à l'âge de 18 mois environ, l'enfant à qui l'on montrera une image tendra la main spontanément, comme pour attraper l'objet qu'elle représente. En effet, la distinction entre image et réalité n'est pas encore possible – bien qu'en présence de l'objet réel et de l'image, il choisira spontanément le premier dès l'âge de 9 mois. Cela prouve que l'enfant fait la distinction entre les deux, mais que la notion de représentation n'est pas encore acquise.

À partir de 18 mois environ, l'enfant commence à jouer à « faire semblant ». C'est l'apparition des jeux symboliques : l'enfant utilise un objet pour faire « comme si », imite des actions et des personnes en leur absence, parle à ses peluches ou à ses poupées, etc. La plupart du temps, ces jeux sont pratiqués en solitaire. Dès l'âge de 3 ou 4 ans, l'enfant se met à faire semblant « en groupe » et élabore des jeux symboliques à plusieurs ; c'est ce qu'on appelle des « jeux de rôle ».

Mon enfant fait-il la différence entre réalité et fiction ?

L'enfant qui invente son propre jeu sait où se situe la limite entre le réel et le fictif. Cependant, lors d'histoires racontées, lues ou simplement regardées (l'enfant imagine beaucoup de choses à partir de simples images), de récits ou d'images télévisées, il recherche toujours des éléments contextuels qui lui permettront de faire la distinction entre réalité et fiction. Dès l'âge de 3 ans, il a la capacité de comprendre seul ce qui est vrai ou non, si de tels éléments sont disponibles. Si ce n'est pas le cas et qu'il ne peut se référer à quelqu'un pour délimiter les éléments, il perd alors ses repères et, dès lors, l'aide d'un adulte sera nécessaire pour lui redonner ces balises perdues.

Comment accompagner mon enfant ?

« Faire semblant » permet à l'enfant de se construire. C'est un jeu spontané au cours duquel il invente des histoires qui répondent à ses propres besoins.

L'enfant qui joue ainsi est conscient à tout moment des règles de son univers ; il sait où se trouve la limite entre la réalité et l'imaginaire. Il distingue ce qui est « vrai » de ce qui est le fruit de son imagination. Il est important que l'adulte respecte cet espace intime de créativité. Il est aussi possible de rappeler à l'enfant les limites entre le réel et l'imaginaire de son jeu si l'on constate que l'enfant a des difficultés à le faire.

Il existe plusieurs formes d'interventions dans les jeux des enfants (→ p. 190). Lorsque l'enfant s'invente des histoires, il est bon de le laisser jouer seul. De même dans les jeux de rôle collectifs, les enfants s'organisent et s'autorégulent : apprendre à résoudre des conflits et discuter les idées de chacun fait également partie des apprentissages sociaux.

CONSEIL DE LECTURE

P. Harris, *L'Imagination chez l'enfant : son rôle crucial dans le développement cognitif et affectif*, Paris, Retz, 2007.

zoom sur...

FAIRE SEMBLANT POUR GRANDIR

Pour les enfants, faire semblant est un support de construction et permet de développer plusieurs compétences : l'apprentissage des règles sociales, la théorie de l'esprit, l'empathie, l'imitation, l'assimilation de conséquences logiques et l'enrichissement du vocabulaire.

En « jouant à la bagarre », les enfants apprennent les règles sociales comme ne pas faire mal à l'autre.

En se glissant dans la peau d'une fée ou d'un sorcier, les enfants développent leur imagination : avec leurs mots et leurs gestes, ils inventent de nouveaux mondes.

En « jouant à l'ordinateur », les enfants imitent les comportements des adultes.

En jouant à la coiffeuse, les enfants apprennent à assimiler des conséquences logiques (on fait semblant de mouiller les cheveux, puis de les laver, et enfin de les coiffer).

Mon enfant a un ami imaginaire

Plus de deux tiers des enfants ont un ami imaginaire qui apparaît en général pour la première fois entre 3 et 5 ans et peut perdurer jusqu'à l'adolescence. Les parents ne sont pas toujours au courant de son existence. Il est généralement « présent » dans les moments de jeux libres de l'enfant. Cette relation contribue à son développement.

Qui est ce compagnon invisible ?

Cet ami imaginaire peut prendre plusieurs formes :

- Il peut s'agir d'un être humain, d'un animal, d'une plante, d'un objet ou d'une créature inventée.
- Il peut être seul ou en groupe.

Les garçons ont tendance à choisir un ami imaginaire du même sexe qu'eux, alors que les filles en imaginent aussi bien des deux sexes. Il existe également des cas où l'enfant donne vie à un objet, comme une poupée ou un ballon.

L'enfant est capable de le décrire très précisément, et peut même le faire évoluer ou le transformer, en fonction de son développement cognitif. Lorsqu'il est petit, l'ami imaginaire sera doté de caractéristiques physiques très précises et, seulement quand l'enfant sera plus âgé, il bénéficiera également d'une description morale et d'une personnalité. Mais l'ami imaginaire n'est pas toujours coopérant et sympathique, et peut même générer de grandes colères chez l'enfant ! Généralement, cet ami disparaît comme il est apparu, du jour au lendemain. Devenu plus grand, l'enfant n'en a lui-même pas toujours le souvenir.

Pourquoi mon enfant a-t-il un ami imaginaire ?

L'apparition d'un ami imaginaire peut avoir différentes origines et répond souvent à un besoin transitoire chez un enfant :

- **Lorsque l'enfant traverse une période difficile** (déménagement, changement d'école, naissance d'un frère ou d'une sœur, etc.), l'ami imaginaire est un repère sécurisant qui lui permet d'affronter ses peurs ou ses problèmes.
- **Lorsque l'enfant se sent seul,** l'ami imaginaire lui sert de confident et d'interlocuteur.
- **Lorsque l'enfant grandit,** il apprend un grand nombre de règles familiales et sociales. Il utilise alors son ami imaginaire pour en tester certaines ou les répéter jusqu'à se les approprier.
- **À travers cette amitié imaginée,** l'enfant développe son vocabulaire et ses capacités à entrer en relation avec d'autres personnes. Il entraîne ses compétences linguistiques et relationnelles.
- **Par l'intermédiaire de l'ami imaginaire,** l'enfant entraîne également sa capacité à se mettre à la place d'autrui (→ p. 57).

Comment réagir si mon enfant s'invente un ami ?

Ne vous inquiétez pas et surtout ne vous moquez pas de lui ! Cette invention répond à un besoin particulier à un moment précis de son développement. L'enfant sait parfaitement que cet ami n'existe pas réellement. Cette relation contribue à son développement. Si la présence de cet « invité surprise » ne prend pas des proportions trop conséquentes, alors ne l'interdisez pas. Vous pouvez poser des questions à son sujet, mais laissez toujours votre enfant maître de son ami imaginaire et ne vous appropriez pas son univers. Vous pouvez aussi accéder sans risques aux demandes de votre enfant à son sujet. Par exemple, s'il souhaite que son ami mange à ses côtés, laissez-le installer une place à table, jouez le jeu, sans en rajouter. Cela ne durera pas éternellement !

CONSEIL DE LECTURE

A. Gopnik, *Le Bébé philosophe*, Paris, Le Pommier, 2009.

Les conséquences psychologiques des fessées

La punition corporelle est habituellement administrée à l'enfant dans le but de le corriger ou de le faire obéir. La Suède est le premier pays à l'avoir interdite en 1979. Depuis, trente-deux pays l'ont suivi. En France et en Suisse, les châtiments corporels au sein du foyer familial ne sont pas encore légalement interdits et font l'objet de débats intenses et récurrents. On reconnaît aujourd'hui que les comportements violents à l'égard des enfants peuvent avoir des conséquences sur leur développement et sur leur comportement futurs.

« Une bonne fessée n'a jamais fait de mal à personne »

Malgré un nombre considérable de lois promulguées dans de nombreux pays, les punitions corporelles sont encore très utilisées par les parents : d'après certaines enquêtes, plus de 90 % des enfants en ont fait l'expérience au moins une fois dans leur vie. Un des effets immédiats est l'obéissance de l'enfant à ce que le parent exige. Il s'agit d'ailleurs du but premier des parents qui utilisent ce type de moyen éducatif. Cependant, cette réaction immédiate de l'enfant résulte d'une réaction de peur (→ p. 20) et génère chez lui un stress délétère (→ p. 122). L'enfant n'obéit donc pas parce qu'il comprend la situation, mais plutôt par réaction face à un danger ! À plus long terme, des recherches révèlent un lien entre les punitions corporelles subies par les enfants et leurs comportements agressifs.

Par exemple, les chercheurs ont examiné le lien entre l'usage de la fessée sur les enfants de 3 ans et leurs comportements agressifs ultérieurs. Pour bien faire, ils ont pris en compte d'autres facteurs susceptibles d'influer sur le niveau d'agressivité des enfants comme ceux liés au « style éducatif » de la mère : la maltraitance physique, mais aussi psychologique, la négligence, l'intimidation, la violence avec le partenaire, le niveau de stress, la dépression, la consommation d'alcool ou de drogues. Un usage fréquent de la fessée, soit plus de deux fois durant une même semaine, prédit un haut niveau d'agressivité de l'enfant à 5 ans : un enfant qui subit directement un comportement agressif apprend à répondre sur le même mode, ce qui crée un cycle de violence.

De plus, il existe une controverse sur les effets de la force de la fessée (légère ou sévère) et de sa fréquence sur les comportements agressifs (→ p. 75). Les chercheurs ont examiné si les punitions considérées comme sévères et fréquentes par les mères suffisent à prédire les comportements agressifs des enfants. Les résultats révèlent qu'il y a effectivement une différence entre les enfants qui n'ont jamais reçu de fessée dans l'année écoulée, ceux qui en ont reçu seulement quelques-unes avec la main, et ceux qui en ont reçu plus fréquemment et qui ont été données avec un objet. Ainsi, les enfants qui avaient reçu des fessées sévères présentaient plus de comportements agressifs que les enfants des deux autres groupes.

Ensuite, il n'y a pas de différence entre les enfants qui ne reçoivent jamais de fessée et ceux pour qui cette punition est rare et donnée avec la main, ce qui suggère qu'un usage exceptionnel de la fessée n'a pas d'effet sur les comportements agressifs des enfants. Ces résultats soulignent l'importance de distinguer la fréquence et le degré de sévérité des punitions corporelles et des fessées.

De plus, il a été constaté que l'enfant ne comprend pas ces gestes, et en déduit souvent qu'il est personnellement « mauvais », ce qui a un réel impact sur la construction de son estime personnelle. De fait, l'enfant est particulièrement sensible aux dires et aux gestes de l'adulte en qui il a confiance. Les effets observés sont d'autant plus vrais que les punitions corporelles ne sont pas des comportements isolés : elles sont souvent accompagnées de menaces, d'humiliations ou de punitions. Leurs effets sont aussi modulés chez les enfants par leur compréhension et leur acceptation de cette méthode éducative : les enfants qui comprennent le geste de leur parent l'accepteront plus facilement.

Enfin, l'imitation joue également un rôle : si les enfants voient leurs parents utiliser des moyens coercitifs pour se faire obéir, ils intégreront l'idée que l'agressivité est acceptable.

Comment expliquer les effets négatifs des punitions corporelles ?

Certains chercheurs expliquent les effets négatifs par un apprentissage social (→ p. 146) : les enfants qui subissent des punitions corporelles apprennent que la violence est une stratégie possible pour résoudre les différends entre les personnes. Ainsi, les stratégies violentes sont imitées et ajoutées au répertoire de comportements de l'enfant. D'autres chercheurs proposent des explications fondées sur la personnalité, qui mettent en avant la prédisposition de l'enfant à adopter des comportements agressifs. La punition des parents constituerait donc une réponse à la personnalité de l'enfant.

Quoi qu'il en soit, on peut affirmer que les punitions corporelles appliquées de manière sévère et fréquente ont des effets sur le développement psychologique de l'enfant. Des études soulignent aussi une forte corrélation entre la force et la fréquence des fessées, et les comportements agressifs des enfants (→ p. 71). Une corrélation permet de mesurer seulement l'intensité de la liaison entre deux variables numériques (et non un lien de cause à effet) : le coefficient de corrélation est compris entre – 1, liaison maximale contraire, et 1, liaison maximale concordante ; 0 étant une absence de liaison. De plus, comme l'imitation joue un rôle clé dans l'apprentissage (→ p. 146), les comportements agressifs peuvent être perçus par l'enfant comme une solution appropriée pour résoudre un problème, ce qui n'est pas souhaitable.

Mieux vaut donc éviter les punitions corporelles pour faire obéir un enfant. Il existe d'autres stratégies éducatives plus adaptées pour parvenir au même résultat de manière positive et constructive pour l'enfant (→ p. 121).

CONSEIL DE LECTURE

C. Gueguen, *Pour une enfance heureuse*, Paris, Pocket, 2015.

Le développement social

La naissance de l'amitié

Les amis tiennent une place importante dans notre vie. Nous entretenons avec eux une relation affective privilégiée, durable et animée par une bienveillance réciproque. Ces relations amicales peuvent jouer un rôle de soutien émotionnel et social dans notre vie personnelle ou professionnelle. Elles sont souvent complémentaires de celles du cercle familial.

Même si ces relations affectives et sociales sont principalement familiales quand il est petit, l'enfant va progressivement développer des affinités avec certains de ses camarades : certains prénoms reviennent plus souvent dans les conversations, il s'assoit presque toujours à côté du même enfant en classe, etc.

Cependant, s'agit-il d'une véritable amitié ou d'une simple interaction sociale ? Quels sont les effets de ce sentiment sur le développement psychologique de l'enfant ?

Des premières interactions sociales aux relations amicales

L'amitié, c'est-à-dire la préférence pour certains membres d'un groupe, suppose avant tout des interactions sociales. Elle implique des compétences pour entretenir des échanges importants avec ces affinités. L'émergence des relations amicales dépend donc du développement des compétences des enfants.

Au cours des deux premières années, grâce à ses compétences précoces, le bébé montre un intérêt pour les autres enfants et pour toute forme d'interactions sociales. Les échanges évoluent, en particulier grâce à ses grandes capacités d'imitation, essentielles pour apprendre et communiquer (→ p. 146).

Le développement des compétences sensori-motrices, comme ramper, se tenir assis, coordonner sa main avec son œil, marcher à quatre pattes puis sur deux jambes, favorise les premières interactions, même si les enfants ne jouent pas vraiment ensemble, mais plutôt les uns à côté des autres.

Au cours de la troisième année, les enfants interagissent de plus en plus longtemps et perfectionnent ainsi leur conduite sociale. Ils passent d'interactions à deux à des interactions à trois. Ces progrès s'expliquent en partie par le développement du langage (→ p. 156).

Les relations deviennent véritablement amicales lorsque les enfants préfèrent la compagnie d'un enfant en particulier à celle des autres et qu'ils éprouvent du plaisir à passer du temps ensemble.

Pour distinguer les relations sociales des relations amicales, on utilise trois critères :

- **La proximité physique :** par exemple, être à moins d'un mètre pendant un tiers du temps passé ensemble.
- **Jouer ensemble :** l'autre est reconnu comme un véritable partenaire.
- **Exprimer des émotions positives** (sourire, etc.) pendant le jeu.

Sur la base de ces trois critères, on observe des changements dans les relations (sociales ou amicales) avec l'âge : à 10 mois, il y a 14 % de dyades (couples) amicales, puis 46 % à 20 mois, et enfin 33 % à 42 mois. Jusqu'à 6 ans, les amitiés se nouent aussi bien entre enfants de même sexe qu'entre enfants de sexe différent. Ensuite, les filles et les garçons se mélangent moins. Il est intéressant de noter que les amitiés garçons-filles nées à l'école maternelle (3-6 ans) peuvent perdurer. Elles s'entretiennent alors souvent en dehors de l'école.

La taille du groupe d'amis change avec l'âge. À 4 ans, ils sont constitués, en moyenne, de 3 membres pour les filles et de 3-4 membres pour les garçons ; à 5-6 ans, on compte 3 membres pour les filles et 6 pour les garçons. À l'école primaire (6-12 ans), la taille des groupes de filles est identique à celle des groupes de garçons.

Les motifs d'affinités évoluent également avec l'âge. Jusqu'à l'âge de 7 ans, les enfants s'apprécient lorsqu'ils s'identifient physiquement et socialement. Plus tard, dès 10 ans, les amitiés naissent lorsque deux enfants partagent des affinités concrètes, comme des activités ou des jeux. Vers 13 ans, les amitiés naissent lorsqu'il y a un partage d'intérêts plus abstraits, comme des valeurs, des croyances, des passions. Finalement, vers 17 ans, les jeunes adultes souhaitent partager des expériences et se regroupent autour de projets communs, par exemple des activités sportives ou artistiques.

Les effets bénéfiques de l'amitié

Développer et entretenir des relations amicales durant l'enfance présente de nombreux effets bénéfiques sur le développement psychologique. Par exemple, les amis, comparativement aux simples connaissances, s'engagent davantage dans des jeux d'imagination en commun ou dans des jeux dans lesquels ils « font semblant » (→ p. 34) : les amis connaissent et partagent le scénario global du jeu et peuvent plus facilement intégrer de nouveaux éléments. Les amis ont aussi des interactions plus longues et sont capables de mieux comprendre le point de vue et les sentiments de l'autre. Ils ont aussi de meilleures capacités à réguler les conflits : les phases de réconciliation et de pardon sont des précieux indices de la valeur que les amis accordent à leur relation.

Le saviez-vous ?

L'amitié a fait l'objet d'intenses réflexions philosophiques au cours de l'Antiquité gréco-romaine. Par son caractère libre et gratuit, elle représentait même une valeur suprême. Le terme vient du latin *amicitia*, traduction du grec *philia*. La *philia* occupe même une place majeure chez Platon et Aristote. Pour Platon, la *philia*, par sa valeur d'éducation à la tempérance et au progrès de la raison (l'éducation doit s'appuyer sur l'amitié entre le maître et le disciple), joue un rôle indispensable dans la vie de la cité. Pour Aristote, une bienveillance réciproque et désintéressée, la recherche du bien de l'autre constituent la véritable amitié. De plus, la *philia*, expression publique de préférences interpersonnelles gratuites, n'est possible que dans un régime politique reconnaissant aux citoyens la condition d'hommes libres et une certaine égalité entre eux.

Enfin, avoir des amis facilite l'entrée dans de nouvelles institutions comme le passage de la crèche à la petite école, de la petite à la grande école, ou encore à l'arrivée dans une colonie de vacances ou un centre de loisirs. Comme nous tous, les enfants sont plus à l'aise pour explorer un lieu nouveau et faire de nouvelles rencontres quand ils sont avec un ami plutôt que seuls.

Les conceptions de l'amitié changent-elles selon l'âge des enfants ?

Les jeunes enfants valorisent dans l'amitié la proximité physique et le fait d'être et de faire des choses ensemble. Ils estiment que les amitiés peuvent se faire ou se défaire rapidement et fréquemment au gré des rencontres et des circonstances. Puis, avec l'âge, ils accordent de plus en plus d'importance à l'idée que l'amitié est une relation qui dure, qu'elle a une histoire. Ils essaient de ne pas se disputer et s'accordent même certaines faveurs (par exemple, le droit d'emprunter tel ou tel vêtement ou objet). Les principaux critères pour définir une véritable amitié sont la loyauté, l'intimité, le partage de secrets et la fidélité. La façon dont les enfants décrivent l'autre change aussi en grandissant et devient de plus en plus centrée sur ses traits de caractère et ses valeurs morales.

Ces changements de conception sont liés au développement des compétences cognitives et socio-émotionnelles qui permettent aux enfants de mieux comprendre les émotions des autres, les règles sociales et les autres points de vue (→ p. 57).

CONSEIL DE LECTURE

P. Mallet, *L'Amitié entre enfants ou adolescents. Une force pour grandir*, Paris, Armand Colin, 2015.

zoom sur…

LES MANIFESTATIONS AMICALES

De véritables relations amicales entre deux enfants (de même sexe ou non) émergent dans les groupes au cours de différentes activités, physiques ou de bricolage par exemple.

Jouer souvent ensemble au même jeu et partager les mêmes émotions témoignent d'une véritable relation amicale.

De petits contacts tactiles, de petits gestes spécifiques partagés sont aussi les témoins de l'amitié entre les enfants.

Les phénomènes de groupe

Selon les personnes avec qui nous sommes, nous ne nous comportons pas de la même façon. Par exemple, avec un supérieur hiérarchique, nous sommes parfois plutôt silencieux et sérieux, tandis qu'avec nos amis, nous sommes volontiers volubiles et drôles. Ces changements sont assez courants et sont souvent les conséquences de phénomènes propres aux petits groupes dont les membres (par nécessité ou par désir) partagent les mêmes activités et poursuivent des buts similaires. Ces différences existent aussi bien chez les adultes et les adolescents que chez les enfants.

Dans une colonie de vacances ou au sein d'une classe, des petits groupes se forment et des phénomènes spécifiques émergent : des rôles sociaux, des normes sociales, des imitations partielles, une communication propre au groupe, une circulation informelle des informations et la formation de sous-groupes. Ces phénomènes favorisent aussi notre besoin d'appartenir à un groupe.

Les rôles sociaux

Le premier phénomène de groupe est la différenciation des rôles. Un groupe n'échappe guère au phénomène de la division du travail, surtout si les situations auxquelles il est confronté deviennent de plus en plus complexes. Chaque individu tend donc à se spécialiser selon sa personnalité, ses compétences ou ses motivations, mais aussi selon la réaction des autres membres du groupe à ses intentions réelles ou imaginées, constituant ainsi des rôles sociaux.

Le rôle de *leadership* a beaucoup intéressé les chercheurs en psychologie. Contrairement à une idée reçue, il n'y a pas de profil type de leader; le leader-né, qui le sera quel que soit le groupe, n'existe pas; son rôle va dépendre du contexte. Le leader n'est pas le chef, il ne commande pas, il influence et ne peut pas déléguer cette influence à un autre membre (contrairement au chef). Ainsi, à l'école ou dans un centre de loisirs, l'adulte, l'enseignant ou l'animateur n'est pas un leader, mais un « chef » puisque son pouvoir et son autorité peuvent être délégués à un remplaçant. Dans une même situation et en fonction des besoins, plusieurs leaders peuvent émerger; ils sont souvent complémentaires. Le leader change aussi en fonction de la nature de la tâche, du nombre et du type de personnes dans le groupe, etc. Par exemple, l'émergence du leader dépend de la fréquence de sa prise de parole : au début des relations dans un groupe, nous nous adressons plus souvent à celui qui parle le plus.

D'autres rôles sociaux, moins étudiés, ont néanmoins été décrits, tels que le « rigolo », qui amuse tout le monde; le « populaire », dont les autres veulent partager les activités; le « grincheux », qui n'est jamais content; le « régulateur », qui va tenter de mettre fin aux conflits et favoriser les relations humaines; l'« altruiste », qui va souvent aider les autres, etc. Cette liste est bien entendu non exhaustive. Ces différents rôles ont en général les mêmes caractéristiques que celles du leader, c'est-à-dire qu'ils dépendent fortement des situations.

Les normes sociales

Le deuxième phénomène est l'émergence de normes sociales ou de règles de conduite. Elles naissent avec le temps dans le groupe. Ce qui est conforme à ces normes est considéré comme « bien » par les membres du groupe et constitue ainsi son code de valeurs. Ces normes varient d'un groupe à l'autre et peuvent évoluer au fil du temps. Ainsi, les membres du groupe ont tendance à se conformer aux opinions des autres, par exemple en ayant tous le même avis sur le repas de la cantine ! Ils ont aussi tendance à vouloir la même chose, porter la même veste, avoir le même cartable ou choisir les mêmes activités périscolaires. Ces comportements favorisent ainsi leur sentiment d'appartenance au groupe.

Les imitations partielles

Le troisième phénomène concerne les imitations partielles. Certains membres vont adopter, implicitement et sans instructions, des gestes, des comportements, des modes d'expression des membres du groupe qu'ils apprécient le plus. Par exemple, au terme de plusieurs jours, un enfant très apprécié décide de se mettre pieds nus ou de porter un collier. Le lendemain, deux ou trois enfants l'imiteront, témoignant ainsi de leur appartenance au même groupe.

Une communication propre au groupe

Le quatrième phénomène est l'émergence d'une communication propre au groupe. Le groupe agit à la fois sur la forme et sur le contenu des informations, ainsi que sur la manière dont elles circulent. Après plusieurs jours, des « expressions types » ou des « slogans » sont adoptés par les membres et répétés de plus en plus souvent, et même déformés progressivement. Ils augmentent aussi le sentiment d'appartenance au groupe. Souvent, lorsqu'un nouveau membre est « admis », il éprouve au début des difficultés à s'intégrer et à comprendre comment utiliser à bon escient ces expressions.

Une circulation informelle des informations

Le cinquième phénomène est l'émergence d'une circulation informelle des informations. En effet, il existe deux types de circulation des informations : le réseau officiel, formel, imposé par l'adulte référent, par lequel les informations passent obligatoirement, et les réseaux non officiels, informels, non prévus et qui se créent au gré des affinités. Dans un groupe, certaines personnes, des nœuds de réseaux, sont au courant de toutes les informations officielles et surtout non officielles comme les potins, les dernières histoires ou les conflits, les astuces, etc. Enfin, par le réseau informel, tout se sait finalement, et plus l'information aura vocation à être discrète, plus elle circulera vite et risquera d'être déformée (c'est le phénomène des rumeurs).

Le jeu du « bouche à oreille » illustre parfaitement ce phénomène. Les enfants sont assis en cercle et on demande à l'un d'entre eux de penser à une phrase et de la dire dans l'oreille de son voisin de gauche. Il a le droit à un seul essai et il doit faire en sorte que seul son voisin l'entende. Une fois que ce voisin a entendu la phrase, il doit à son tour la répéter à son voisin de gauche (avec les mêmes contraintes), et ainsi de suite. À la fin du tour, nous demandons au premier enfant de dire tout haut sa phrase de départ et au dernier enfant celle qu'il a entendue. Nous constatons très souvent que la phrase de départ n'a pas grand-chose à voir avec celle répétée par le dernier enfant ! Ce jeu montre l'importance de toujours remonter à la source pour vérifier les informations.

Les sous-groupes

Enfin, le sixième phénomène est la naissance de sous-groupes à l'intérieur du groupe. En effet, il est illusoire de croire que tous les membres d'un ensemble créent un seul et unique groupe, où tous s'apprécient de la même façon. Des affinités naissent entre certains membres, et ainsi des sous-groupes se forment. Ces sous-groupes se fondent sur des amitiés partagées (→ p. 46), qui peuvent changer plus ou moins vite au cours du temps. Ainsi, pendant la récréation ou pendant les repas, trois ou quatre enfants se retrouvent fréquemment pour jouer ensemble ou à la même table.

L'apparition de ces sous-groupes peut être totalement arbitraire et résulter implicitement de consignes données par l'adulte référent. Ainsi, par exemple si l'adulte divise le groupe d'enfants pour composer aléatoirement des équipes qui vont rester les mêmes pour différents types de jeux, physiques ou manuels, coopératifs ou compétitifs, alors les enfants créent des solidarités et des préférences pour les membres de leur équipe. En résumé, quand on s'occupe d'une classe ou d'un groupe d'enfants, il est préférable de changer souvent la composition des équipes si on veut éviter de créer des petits clans et favoriser des relations bienveillantes dans le groupe.

CONSEIL DE LECTURE

E. Drozda-Senkowska, *Psychologie sociale expérimentale*, Paris, Armand Colin, 1999.

zoom sur…

LE JEU À PLUSIEURS

À partir de 4 ou 5 ans, les enfants commencent à jouer en groupe ; chacun développe sa propre activité, mais commence toutefois à prendre en compte celles de ses voisins, en comparant, commentant ou même parfois en proposant des connexions entre les créations.

Ce que pensent les autres

Les réactions ou les comportements des autres peuvent parfois nous surprendre ou nous choquer, générer une incompréhension et des difficultés relationnelles. Souvent, se mettre à la place de l'autre et identifier ses contraintes est un très bon moyen pour mieux comprendre ses réactions. Cette capacité est donc essentielle pour développer de bonnes relations interpersonnelles et sociales, et des qualités comme l'empathie, les compétences émotionnelles ou encore l'altruisme. Elle permet également de comprendre l'humour ou les mensonges. Cette capacité à se mettre à la place de l'autre n'est toutefois pas facile à mettre en œuvre, même pour l'adulte, et apparaît progressivement au cours du développement de l'enfant.

À quel âge un enfant est-il capable de se mettre « à la place de l'autre » ?

Les psychologues étudient les différentes étapes développementales qui mènent les enfants à comprendre les états mentaux d'autres personnes comme leurs pensées, leurs idées, leurs sentiments ou leurs intentions, à travers ce qu'ils appellent la théorie de l'esprit. Contrairement à ce qu'on a longtemps pensé, cette capacité ne s'acquiert pas à un âge précis, mais se développe en continu dès la première année et jusqu'à l'âge de 8 ans environ.

- **Autour de 18 mois,** l'enfant est déjà capable d'interpréter l'intention d'un adulte et de lui apporter son aide. Ainsi, si vous cherchez à ouvrir une porte mais que vous avez les bras chargés, un enfant de cet âge l'ouvrira pour vous aider. Il est intéressant de préciser qu'il présente l'envie spontanée de vous aider, signe de

> **Le saviez-vous ?**
>
> **Les enfants vivant dans une fratrie développent plus rapidement leur théorie de l'esprit. En effet, en étant au contact quotidien d'autres enfants d'âges proches, ils sont confrontés, très jeunes, à d'autres points de vue, en comparaison à des enfants uniques. La fréquentation d'autres enfants dans les crèches ou les centres de loisirs peut avoir les mêmes effets positifs chez les enfants uniques.**

son empathie et de sa volonté de participation. Avec le début du langage, il va pouvoir passer à l'étape suivante. C'est à partir de ce moment également qu'apparaissent le jeu symbolique et le « faire semblant » (⟶ p. 34).

- **Autour de 3 ans,** l'enfant pense que tout le monde a les mêmes idées et points de vue que lui. Par exemple, si nous lui donnons un paquet de bonbons dont le contenu a été échangé avec des raisins secs et que nous lui demandons de dire ce qu'il y a dedans sans l'ouvrir, il va logiquement commencer par répondre que le paquet contient des bonbons. Lorsqu'il constate qu'en réalité il contient des raisins secs, il pense qu'une autre personne, qui n'a pas vu ce qu'il y a dedans, saura tout comme lui que le paquet contient des raisins secs. Il croit que la personne pensera ce que lui-même sait après avoir vu le contenu réel du paquet.
- **Autour de 5 ans,** l'enfant comprend bien qu'une personne qui n'a pas vu le contenu du paquet croira à tort que celui-ci contient des bonbons, même si lui-même sait maintenant qu'il contient des raisins secs. Il distingue donc bien ses connaissances de celles d'une autre personne. À partir de cet âge-là, l'enfant peut confronter ses propres pensées à celles d'autrui ; il a intégré le fait que tout le monde ne sait pas la même chose que lui et *vice versa*.
- **Enfin, à partir de 7-8 ans environ,** l'enfant sera capable de faire la différence entre un mensonge et une plaisanterie.

Comment aider mon enfant à développer sa compréhension de l'autre ?

Quelles que soient les cultures, on observe un développement similaire de la compréhension des états mentaux de l'autre. Cependant, certains facteurs facilitent l'acquisition de cette capacité :

- **Lorsque l'entourage verbalise ses pensées** et justifie ses actions, ou explique les réactions de personnes observées.
- **Raconter des histoires** et discuter des personnages développe leur langage et leur faculté à se projeter dans les différents points de vue.
- **Toutes les activités faisant appel à la concentration** (→ p. 80), à la mémoire de travail (→ p. 109) et au contrôle du comportement de l'enfant (→ p. 115).

CONSEILS DE LECTURE

N. Nader-Grosbois, *Théorie de l'esprit. Entre cognition, émotion et adaptation sociale*, Bruxelles, De Boeck, 2011.

E. Thommen et G. Rimbert, *L'Enfant et les connaissances sur autrui*, Paris, Belin, 2005.

L'empathie

L'empathie se définit par la capacité à reconnaître, percevoir et ressentir les émotions de l'autre, tout en adoptant son point de vue. Ce sentiment est considéré comme une compétence sociale indispensable et universelle, car il joue un rôle crucial dans la vie et les relations interpersonnelles dès le plus jeune âge.

Trois conditions essentielles

Trois conditions sont indispensables à la naissance de l'empathie. La première est une réaction affective déclenchée par l'état émotionnel de l'autre, impliquant une identification et une compréhension de ses émotions (→ p. 20). La deuxième condition est une reconnaissance et une compréhension des états mentaux de l'autre, impliquant une théorie de l'esprit (→ p. 57). Enfin, la troisième condition est la reconnaissance qu'autrui est semblable à soi, tout en évitant la confusion entre soi-même et autrui, impliquant ainsi une conscience de soi. Le développement de ces trois capacités cognitives va donc être intimement lié à celui de l'empathie.

Comment se développe la conscience de soi ?

On a longtemps pensé (à tort) que le nouveau-né ne faisait pas la différence entre lui et sa mère. On sait aujourd'hui que la conscience de soi se développe très précocement et progressivement.

- **Durant les 6 premières semaines de vie,** le nouveau-né exprime dans son comportement le sens d'un soi dit écologique, c'est-à-dire une connaissance de son corps en tant qu'entité différenciée de la mère.

- **À partir de 2 mois** et parallèlement à l'apparition du sourire social (votre bébé vous sourit lorsque vous lui souriez), en plus du sens d'un soi écologique, le bébé commence aussi à manifester le sens du soi à travers des expériences partagées avec autrui, comme dans les protoconversations ou les jeux imitatifs avec ses parents ou des adultes.

- **Entre 2 et 7 mois,** tout en continuant à développer le sens d'un soi écologique, le bébé développe des attentes de réciprocité avec autrui.

> **Le saviez-vous ?**
>
> Être confronté à la vision de sa propre douleur ou de la douleur de quelqu'un qui nous est proche active les mêmes aires cérébrales (insula et cortex cingulaire antérieur; figure 4, p. 85). La perception (consciente ou non) d'une expression faciale d'une émotion et l'imagination de cette même expression activent les mêmes mécanismes neurophysiologiques.

- **Vers 8-12 mois,** ce développement semble culminer, quand l'enfant manifeste des « peurs » lors de rencontres avec des personnes qui ne lui sont pas familières. Dès 9 mois, le bébé commence à manifester non seulement des attentes relationnelles, mais aussi une attention partagée avec autrui : il regarde ce que regarde sa mère, par exemple.

- **Au-delà de 12 mois** et culminant à 18 mois, l'enfant commence à collaborer avec l'autre : par exemple, il est capable de demander de l'aide si une action lui résiste, ce qui prouve qu'il est conscient de ses propres limites.

L'acquisition du sens du soi dit cognitif est la reconnaissance de soi dans le miroir. Vous pouvez tenter l'expérience, qui consiste à dessiner une tache sur le front de votre enfant et à positionner celui-ci face à un miroir. Les enfants entre 9 et 15 mois ne cherchent pas à toucher cette tache sur leur propre front, mais sur leur reflet dans le miroir. En revanche, autour de 20 mois, la plupart touchent directement leur front, ce qui indique qu'ils ont conscience que l'enfant qu'ils voient dans le miroir, c'est eux !

Comment se développe l'empathie

Le développement de l'empathie survient en cinq phases successives au cours de l'enfance :

• **De la naissance à 6 mois :** la première phase du processus d'empathie est appelée le cri réactif du nouveau-né. Elle est caractérisée par une réaction innée, similaire à la détresse d'un autre être de la même espèce. Ainsi, nous savons que les nouveau-nés ont tendance à pleurer lorsqu'ils entendent les pleurs de leurs pairs ; à l'inverse, ils tendent à s'arrêter de pleurer lorsque nous leur faisons écouter leurs propres pleurs.

• **De 6 à 12 mois :** la détresse empathique égocentrique est une phase au cours de laquelle le nourrisson commence à réagir différemment selon la personne qui souffre, lui ou un autre. Lorsqu'il ressent la détresse de quelqu'un d'autre, il peut aussi prendre un air triste ou le regarder davantage. Cependant, même si ses réactions peuvent être qualifiées de « prosociales », dans la mesure où sa propre détresse est consécutive à celle de l'autre, elles restent égocentriques puisqu'elles concernent lui-même et non l'autre qui souffre.

• **À partir de 12 mois :** la troisième phase de l'empathie est la détresse empathique quasi égocentrique. C'est lors de cette phase que l'on constate pour la première fois des réponses empathiques explicites envers l'autre. Par exemple, l'enfant peut consoler un autre enfant qui pleure. Cependant, même si ses actions sont une prise en compte de l'autre, elles restent peu efficaces car il éprouve toujours des difficultés à cerner les états émotionnels des autres et à les différencier des siens. Par exemple, l'enfant proposera son propre doudou à un enfant qui pleure, et non pas le doudou de ce dernier.

• **À partir de 6 ans :** la quatrième phase est dénommée la détresse empathique véridique. L'enfant commence à aider les autres de manière judicieuse. Peu à peu, il comprend leurs émotions et les causes de celles-ci, leurs intentions et leurs besoins, et les différencie des siens. C'est pourquoi l'enfant aide l'autre de manière adaptée et selon ses besoins, et non selon ce qui l'aiderait lui, comme en apportant le doudou de l'enfant qui pleure ou en allant chercher sa maman. Contrairement aux étapes précédentes qui sont rapidement dépassées, celle-ci possède tous les éléments de l'empathie véritable, laquelle continue de se développer tout au long de la vie.

• **Après 12 ans :** enfin, la cinquième phase est celle de la détresse empathique au-delà de la situation. L'enfant va ressentir de l'empathie dans des situations ou pour des personnes qui sortent de son environnement immédiat. En d'autres termes, il éprouvera de la compassion pour l'autre. Il est affecté, par exemple, par les conséquences d'une catastrophe naturelle sur une population, même si cet événement survient loin de chez lui.

Comment accompagner le développement de l'empathie chez mon enfant ?

En tant que parents, nous pouvons influencer l'émotivité et la régulation émotionnelle de notre enfant. Ainsi, nous pouvons leur apprendre comment contrôler leurs comportements, dans le but d'augmenter leur conscience des conséquences de leurs actes et, de ce fait, de développer leur sens moral.

Un moyen efficace consiste à souligner le point de vue de l'autre, sa détresse et les raisons de celle-ci, sans trop insister. Cette technique favorise le développement de la prise en considération de l'autre et de l'empathie. Mais son succès dépend aussi de l'appréciation de la situation par l'enfant lui-même. À l'inverse, d'autres techniques disciplinaires, et spécialement l'utilisation de la punition (⟶ p. 41) ou le retrait affectif (« je ne t'aime plus »), ont un impact négatif sur le développement prosocial de l'enfant (⟶ p. 71). En outre, apprendre à accepter et à gérer ses propres émotions négatives d'une manière constructive et à les exprimer fait partie de l'éducation à l'empathie. Plus généralement, la manière dont les parents expriment leurs émotions, en combinant chaleur et contrôle, une aide parentale suffisante, une certaine exigence des parents, un attachement parents-enfant sécure (⟶ p. 12) et une relation positive avec les personnes de son entourage sont reliés positivement au développement de l'empathie chez l'enfant.

CONSEILS DE LECTURE

F. De Waal, *L'Âge de l'empathie. Leçons de la nature pour une société solidaire*, Arles, Actes Sud, coll. « Babel », 2010.

M. Hoffman, *Empathie et développement moral*, Grenoble, PUG, 2008.

P. Rochat, *Le Monde des bébés*, Paris, Odile Jacob, 2006.

Le bien et le mal

Notre sens moral ne se réduit pas à l'intériorisation des règles sociales de notre éducation et de notre culture. Nous sommes également capables d'évaluer, dans la plupart des cas, si tel ou tel comportement est bon ou mauvais, juste ou injuste. Pour réfléchir à des questions d'équité ou résoudre des problèmes moraux, nous utilisons des raisonnements progressivement élaborés au cours de notre vie.

Comment se construit le sens moral ?

Pour étudier la construction de notre sens moral, les psychologues se sont intéressés aux réponses de personnes de différents âges confrontées à des « dilemmes moraux ». Ces dilemmes sont posés dans des histoires fictives mais plausibles, où s'opposent en particulier des critères de nature légale et des critères de nature morale (→ encadré ci-contre).

Face à des dilemmes moraux, nous utilisons certains registres de justifications qui découlent de nos propres raisonnements moraux. Ces registres évoluent avec l'augmentation des capacités d'abstraction et de décentration, la complexité des expériences sociales, la découverte que certains types de raisonnements ne sont pas adaptés et l'existence de conflits cognitifs de loyauté, comme choisir entre sa famille et la loi.

À partir de l'analyse des réponses verbales et des justifications à ce type de situations, les psychologues montrent que la réflexion morale se développe successivement selon trois niveaux :

- **Le premier niveau est dit préconventionnel** et correspond aux réflexions des enfants âgés de 5 à 8 ans environ. À ce niveau, l'enfant se décide

Un exemple de dilemme moral

La femme de monsieur Dupond est sur le point de mourir d'une très grave maladie. Il existe un médicament qui, selon les médecins, pourrait la sauver. Ce médicament a été développé récemment par un pharmacien de sa ville. Ce médicament a un coût de fabrication de 200 euros, mais le pharmacien le vend 2 000 euros.

Dupond va voir tous ses amis pour emprunter l'argent nécessaire, mais il ne réussit à récolter que 1 000 euros. Il explique au pharmacien que ces 1 000 euros sont tout ce qu'il a pu réunir pour le moment et que sa femme est en train de mourir. C'est pourquoi il a besoin du médicament tout de suite : il promet au pharmacien de lui payer les 1 000 euros restants plus tard. Le pharmacien refuse : « J'ai investi dans l'élaboration de ce médicament et maintenant je veux gagner de l'argent. »

Monsieur Dupond est désespéré et casse la vitrine du magasin pour voler le médicament.

Plusieurs questions sont posées aux participants :

1) Monsieur Dupond a-t-il bien fait d'agir ainsi ?

2) Maintenant, supposez que le malade soit un ami, et non sa femme : Dupond a-t-il bien fait d'agir ainsi ?

3) Enfin, supposez que le médicament soit destiné à une personne qu'il ne connaît pas : Dupond a-t-il bien fait d'agir ainsi ?

en fonction de ses intérêts personnels et des risques encourus (⟶ encadré ci-dessus). « Il devrait voler le médicament s'il aime sa femme et, s'il est attrapé, il n'ira pas trop longtemps en prison et reverra sa femme à sa sortie », ou encore : « Il ne devrait pas voler car il sera mis en prison. Il ne devrait pas l'être pour avoir sauvé sa femme pour des raisons de santé. » Entre 5 et 6 ans (stade 1), les conséquences concrètes, c'est-à-dire une punition ou une récompense, suffisent à déterminer la qualité morale d'un acte. Les règles trouvent leurs origines dans son environnement. Entre 6 et 8 ans (stade 2), l'autre est considéré comme un moyen de procéder à un échange social de type égoïste et pragmatique : c'est le principe du donnant-donnant. Les progrès de l'enfant entre ces deux stades s'expliquent par l'augmentation de sa capacité de décentration sociale, c'est-à-dire de sa capacité à se mettre à la place de l'autre (→ p. 57).

• **Le deuxième niveau est dit conventionnel** et correspond aux réflexions des enfants âgés de 8 à 12 ans environ. L'enfant est alors capable de renoncer à ses propres intérêts immédiats afin d'être loyal ou conforme aux attentes familiales ou sociales. « S'il ne vole pas le médicament, tout le monde dira qu'il est une horrible personne ; son devoir est de sauver sa femme », ou encore : « S'il le vole, tout le monde dira qu'il est un délinquant ; on ne peut pas se permettre de voler chaque fois que nous le voulons ; ce n'est pas bien. » Entre 8 et 10 ans (stade 3), la sensibilité aux attentes des autres domine et un comportement sera considéré comme moral par l'enfant s'il fait plaisir à ceux qui comptent pour lui. Entre 10 et 12 ans (stade 4), le respect des règles sociales et de l'autorité devient prépondérant pour l'enfant.

• **Le troisième niveau est dit postconventionnel** et correspond aux réflexions des adolescents âgés de plus 13 ans (stade 5). « S'il doit fuir la police, au moins il aura fait ce qui est juste ; parfois il faut savoir transgresser les lois quand elles sont injustes », ou encore : « S'il vole, il perdra le respect pour lui-même ; d'autres personnes pourront trouver cela acceptable, mais il devra vivre avec cela sur la conscience, savoir qu'il a cambriolé le pharmacien. » Le jeune adolescent commence alors à acquérir une certaine autonomie morale. Il adhère librement et de manière impartiale aux règles élaborées socialement et reconnues par le plus grand nombre qui permettent de garantir les droits individuels. C'est le stade du contrat social. L'adolescent prend aussi conscience de la multiplicité des valeurs. Enfin, au stade 6 (après 16 ans), il adhère explicitement à des principes moraux qu'il considère à la fois comme des principes élaborés personnellement et comme des critères d'évaluation devant s'appliquer universellement.

Les émotions affectent-elles le sens moral ? Les systèmes « chaud » et « froid »

Plus récemment, les psychologues ont affiné cette conception cognitive du développement du sens moral en introduisant une composante émotionnelle. Les réactions des personnes face à des dilemmes moraux se feraient en deux temps, en activant successivement deux systèmes différents (→ p. 115).

- **Dans un premier temps,** notre réaction immédiate spontanée juge acceptables ou non les comportements d'autrui, activant ainsi notre « système chaud ». La situation produirait une sorte de contagion émotionnelle qui serait à l'origine de notre jugement émotionnel.
- **Dans un second temps,** les processus de haut niveau entreraient en jeu pour justifier ou rationaliser notre jugement cognitif, activant ainsi notre « système froid ».

C'est à travers ses expériences et ses interactions sociales, les activations des systèmes « chaud » et « froid », que l'enfant construit son sens moral.

Les bébés sont-ils capables de produire un jugement social ?

Nous savons que la capacité à émettre un jugement en observant le comportement social d'un individu est rapide et automatique chez l'adulte. Pour en savoir plus sur l'origine de cette capacité, les psychologues étudient des bébés de 6 et de 10 mois. Ils leur montrent des scènes dans une sorte de théâtre de marionnettes dans lesquelles un rond avec des yeux essaie de gravir une montagne, et deux autres personnages interagissent avec lui de manière différente. Dans la situation antisociale, un carré avec des yeux gêne le rond avec des yeux dans son ascension vers le sommet ; dans la situation prosociale (→ p. 71), un triangle avec des yeux aide le rond avec des yeux. Les bébés de 6 et de 10 mois préfèrent les comportements d'aide aux comportements de gêne.

Cette préférence disparaît dès que les yeux sont supprimés des « personnages », témoignant que les bébés font bien la différence entre des comportements sociaux et des mouvements de figures géométriques sans valeur sociale.

En résumé, les bébés, dès 6 mois, sont capables de juger ces personnages selon leur comportement vis-à-vis d'un tiers. L'évaluation sociale serait donc plus précoce que le jugement verbal des comportements d'autrui. Cette capacité précoce pourrait servir de fondation au développement de notre sens moral.

Comment se développe le sens de la justice et de l'équité ?

D'autres chercheurs ont élargi l'étude du sens moral au sens de la justice et de l'équité chez les jeunes enfants. En effet, nous savons que notre espèce est très sensible aux partages justes et équitables des ressources disponibles, et ce, dès 5-7 ans. De plus, cette sensibilité est d'autant plus forte dans un groupe lorsque les membres de ce dernier ont été amenés à coopérer dans l'exécution d'une tâche (→ p. 69-70).

Les psychologues proposent à deux enfants de 3-4 ans des problèmes techniques comme pousser des balles dans un trou avec une barre posée en équilibre, qui ne peut se résoudre qu'en coordonnant leurs mouvements, autrement dit en coopérant. Une fois le problème résolu, les enfants reçoivent la récompense prévue, des bonbons par exemple, mais de manière non équitable : l'un en reçoit beaucoup plus que l'autre. Dans ce cas, on observe que l'enfant favorisé partage spontanément sa récompense avec l'enfant lésé avec qui il a effectué un effort conjoint. Ce comportement typiquement humain n'existe pas dans le cas où les deux enfants ont résolu le problème de manière indépendante.

En conclusion, le partage de l'effort ou la coopération entre les membres d'un groupe favorise les comportements humains de justice et d'équité, et ce, dès 3 ans.

CONSEILS DE LECTURE

L. Bègue, *Le Bien et le Mal*, Paris, Odile Jacob, 2011.

M. Tomasello, *Aux origines de la cognition humaine*, Paris, Retz, 2004.

zoom sur…

LA COOPÉRATION ET LE PARTAGE

Le test de la coopération et du partage équitable a été développé par l'équipe du professeur M. Tomasello, afin de montrer que le partage d'un effort ou d'une coopération entre deux membres d'un groupe favorise les comportements de justice et d'équité.

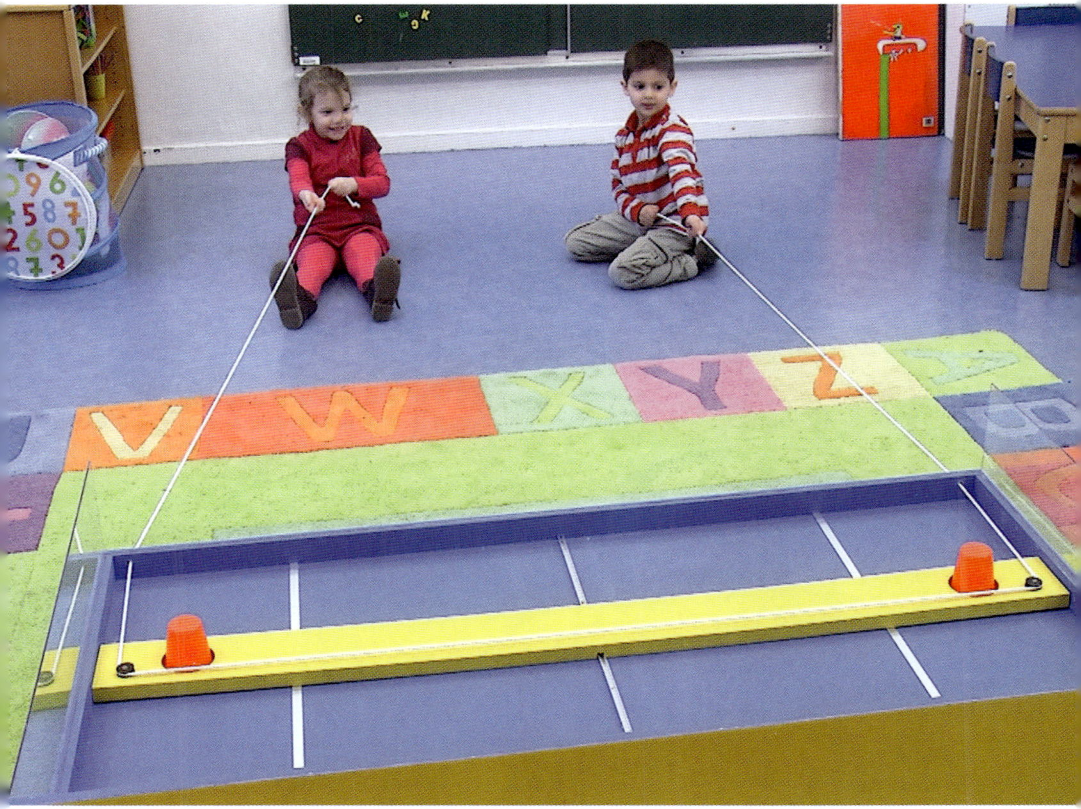

Les jeunes enfants doivent tirer la barre jaune pour la ramener vers eux. Elle ne peut se déplacer que si les deux enfants tirent sur les cordes en même temps et avec une force identique, autrement dit en coopérant.

Une fois le problème résolu après plusieurs essais et discussions entre les enfants, ils reçoivent chacun une récompense (des bonbons), mais de manière non équitable : l'un en reçoit beaucoup plus que l'autre.

Dans ce cas, l'enfant favorisé partage généralement spontanément sa récompense avec l'enfant lésé avec qui il a effectué un effort conjoint.

Ange ou démon ?

Il existe un large éventail de comportements destinés à apporter de l'aide, à partager, à réconforter, à informer et à coopérer avec les autres. Ces comportements, dits prosociaux, sont universels et ne se limitent pas à l'être humain. En effet, les primates et même les fourmis ou les abeilles manifestent également ce type de comportements. Qu'est-ce qui conduit les enfants à aider leurs camarades ? À quel âge ces comportements sont-ils acquis ?

Les comportements prosociaux ou altruistes

Les comportements prosociaux apparaissent entre 12 mois et 2 ans. Chez le jeune enfant, cette période coïncide avec l'émergence de la connaissance de soi (→ p. 60), des premiers jugements qui s'accompagnent des sentiments de culpabilité ou de honte. Au cours de cette phase de développement, l'enfant devient capable de différencier et d'anticiper les émotions des autres. Il est aidé par le développement du langage qui lui permet une meilleure compréhension et une description plus aisée de ses états émotionnels et de ceux qui l'entourent.

C'est à cette période que les premières manifestations d'actions prosociales et d'empathie peuvent être observées. Par exemple, si un enfant de 14-18 mois voit un adulte qui rencontre des difficultés dans la réalisation d'une tâche, comme ramasser un objet hors de sa portée, il l'aidera même en l'absence d'encouragement et même si cette personne lui est inconnue, et ce, bien avant la maîtrise du langage oral. C'est une preuve que les enfants comprennent le but de l'autre et sont motivés pour l'aider à y parvenir. De plus, et contre toute attente, si nous ajoutons une récompense matérielle, comme un bonbon, ou sociale, comme un bon point, on constate que la motivation de l'enfant à aider diminue !

La naissance de l'altruisme

Les origines des comportements altruistes ne sont pas claires. Ainsi, ils pourraient être principalement le résultat d'un apprentissage social fondé sur l'imitation et d'une éducation explicite. Ils pourraient aussi être une compétence précoce innée, apparaissant entre 14 et 18 mois ; elle serait donc non motivée par la perspective d'une récompense quelle qu'elle soit, mais justifiée par une réelle préoccupation de l'enfant pour le bien-être de la personne en difficulté. Enfin, pour d'autres encore, ce qui pousserait des enfants d'âge préscolaire à aider les autres pourrait être, plutôt qu'un désir altruiste, l'envie de donner une image de soi positive, d'avoir une bonne réputation.

Il convient également de souligner le rôle fondamental de l'environnement social dans l'émergence du comportement altruiste : les enfants intègrent les règles de l'environnement dans lequel ils évoluent et adoptent progressivement des comportements qui respectent ces normes sociales. Par exemple, une étude a montré que, entre 18 et 20 mois, les comportements d'aide et de partage sont plus fréquents lorsque les parents ont l'habitude d'expliquer les émotions des personnages dans les histoires qu'ils lisent à leurs enfants.

En conclusion, la façon dont les parents encouragent leur progéniture à réfléchir, à décrire et à expliquer les émotions peut avoir un impact positif sur le comportement altruiste précoce de l'enfant.

Les comportements agressifs

Les comportements violents peuvent revêtir des formes très diverses, dont certaines sont parfois difficiles à identifier. Les chercheurs définissent huit catégories d'agressions, selon que celle-ci est physique ou verbale (c'est-à-dire exprimée par des gestes ou par des paroles), active ou passive (c'est-à-dire omettant intentionnellement ou non de réaliser une action prosociale), et directe ou indirecte (selon que la victime est physiquement présente ou non) (—> tableau ci-contre).

Huit catégories de comportements agressifs

Active	**Physique**	**Directe**	**Taper un autre avec ses mains ou ses pieds, le mordre.**
		Indirecte	**Voler ou abîmer les biens d'un autre.**
	Verbale	**Directe**	**Menacer, insulter, critiquer un autre.**
		Indirecte	**Propager des rumeurs concernant un autre.**
Passive	**Physique**	**Directe**	**Empêcher un autre d'atteindre son but.**
		Indirecte	**Refuser de participer à une activité.**
	Verbale	**Directe**	**Refuser de parler à l'autre ou ne pas répondre à ses questions.**
		Indirecte	**Refuser de défendre un autre injustement accusé.**

La capacité à identifier l'expression de la colère sur le visage de l'adulte est liée au niveau des comportements agressifs observés au cours de la première année de vie de l'enfant. Le bébé peut lui aussi exprimer de la colère en réponse à une frustration. À cet âge-là, cette émotion peut se manifester par des pleurs, des trépignements, des coups de pied et par la projection d'objets. La fréquence de ces comportements augmente progressivement jusqu'à 24 mois. À 2 ans, une interaction sur quatre est agressive. Entre 2 et 3 ans, les formes d'agressivité se diversifient grâce au développement de leurs capacités cognitives et langagières, mais, heureusement, leur fréquence diminue. Les comportements agressifs apparaissent alors à l'occasion de conflits avec leurs camarades et se traduisent par l'usage de la force physique comme pousser ou frapper. Progressivement, la fréquence des agressions physiques diminue avec l'âge, bien que celles qui persistent soient souvent plus violentes et concernent environ 10 % des enfants.

Les origines de l'agressivité

Comme celles des comportements prosociaux, les origines de l'agressivité sont multiples. Les comportements agressifs s'expliquent aussi bien par l'influence des contextes socio-économiques et familiaux que par la personnalité de l'enfant (→ p. 17). Parmi les nombreux facteurs qui contribuent à l'émergence de ce type de comportements, le contexte familial et l'imitation sont significatifs. Ainsi, par exemple, une étude conduite dans soixante pays différents a montré que, partout dans le monde, les enfants rejetés par leurs parents étaient plus hostiles et agressifs que les autres.

Par ailleurs, si on expose, à titre expérimental, un jeune enfant en train de jouer tranquillement à des scènes dans lesquelles un adulte se comporte de manière agressive (comme taper une poupée géante avec un marteau), on observe ensuite, une fois l'enfant laissé seul, davantage de comportements agressifs chez ce dernier que lorsqu'il est exposé à des scènes non violentes. La pratique intensive de jeux vidéo violents peut provoquer des effets similaires.

En conclusion, le jeune enfant peut apprendre des comportements sociaux, par imitation (→ p. 148), sans récompenses ou punitions. De plus, observer des comportements agressifs n'a pas d'« effet cathartique », et ne permet pas forcément à l'enfant de se libérer de ses pulsions agressives par procuration.

Le saviez-vous ?

Séjourner dans un centre de vacances semble favoriser l'altruisme chez les enfants. Quand on demande à des volontaires de 7 à 12 ans de remplir un questionnaire évaluant l'altruisme en début et en fin de séjour, on observe une augmentation des scores à la fin du séjour, et cette augmentation est d'autant plus importante que les enfants sont âgés. Pour un enfant, le fait de participer pendant deux semaines à une vie collective dans le cadre d'une colonie de vacances pourrait avoir des effets bénéfiques sur le développement de ses compétences sociales.

Quels sont les effets des comportements agressifs sur les relations sociales ?

Quelles que soient leurs origines, les comportements agressifs ont des effets sur les relations sociales. Quand on interroge des enfants sur leurs relations avec leurs camarades de classe, ils expriment leur antipathie envers les enfants agressifs, entraînant des conséquences négatives pour les interactions sociales futures. Ces enfants rejetés deviennent plus évitants ou agressifs envers les autres, moins coopératifs et moins prosociaux. Avec l'âge, les enfants dont les comportements agressifs sont fréquents vont avoir tendance à s'associer avec ceux qui leur ressemblent et seront donc davantage rejetés.

Comment réagir face à la violence ?

L'enfant ne peut être épargné de toute exposition à la violence. C'est pourquoi en parler avec lui est extrêmement important, et ce, quel que soit son âge. De même, lorsqu'il est en conflit avec un camarade de classe par exemple, il est utile de prendre le temps de discuter de la situation, d'encourager les deux parties à trouver une solution positive et d'éviter d'humilier l'une ou l'autre. Ainsi, l'enfant apprendra aussi que l'adversité peut être aussi une source positive de développement, et saura, petit à petit, y faire face de manière autonome, sans accéder à la violence et tout en respectant son adversaire.

CONSEILS DE LECTURE

L. Bègue, *L'Agression humaine*, Paris, Dunod, 2010.

M. Ricard, *Plaidoyer pour l'altruisme*, Paris, NiL, 2013.

zoom sur...

LES COMPORTEMENTS PROSOCIAUX

Les comportements altruistes (ou prosociaux) entre jeunes enfants, comme aider son ami à boutonner sa veste, existent dès le plus jeune âge. Si de tels comportements peuvent être spontanés, ils sont aussi influencés par les exemples donnés par les autres enfants et les adultes de leur environnement.

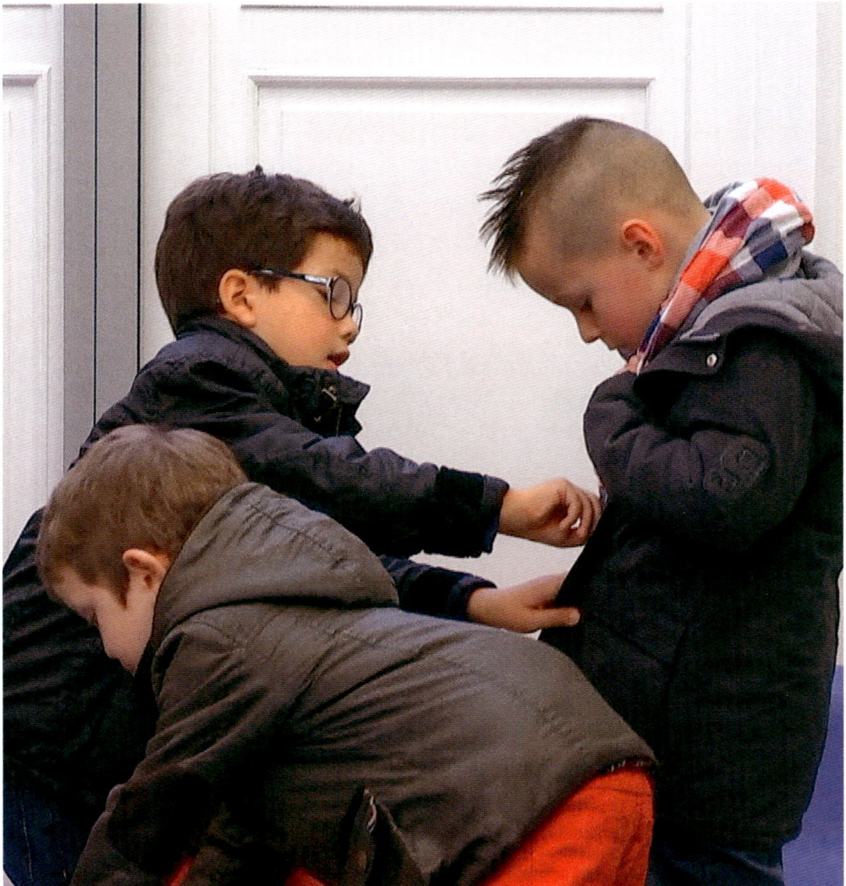

La vie en groupe, le partage des jouets peuvent générer aussi des petits conflits ou frictions, aussi bien entre les garçons qu'entre les filles, qui peuvent se traduire par l'usage de la force physique comme pousser ou taper l'autre, ou l'usage du verbe comme la production de mots qui font mal : « C'est moche, ce que tu dessines », « T'es plus ma copine », etc.

Le pirate et son

Le développement **neurocognitif**

L'attention

Lorsque l'on est adulte, il nous est en général possible, même si ce n'est pas toujours facile, de rester concentré et (quasi) immobile dans les situations qui le nécessitent (comme au travail). Nous voudrions que notre enfant aussi en soit capable, mais c'est rarement le cas ! Dès lors, nous sommes confrontés – de près ou de loin et à des niveaux d'intensité variable – à une préoccupation récurrente : comment faire pour que mon enfant soit attentif et concentré ?

Qu'est-ce que l'attention ?

Les enfants qui vont à l'école ou participent à une activité sportive, musicale ou artistique, ont des objectifs et des motivations particulières, ainsi qu'un grand nombre de connaissances stockées en mémoire (→ p. 109). Dans le même temps, ils reçoivent de l'extérieur des milliers de stimulations sensorielles, à la fois visuelles, auditives, tactiles ou olfactives. Heureusement, toutes ces stimulations ne seront pas perçues car elles ne seront pas toutes traitées par le cerveau qui sélectionne, analyse, transforme et conserve en mémoire les informations.

Le point de départ du traitement de ces stimulations relève de ce qu'on appelle l'attention. En la dirigeant sur une infime fraction de tout ce que nous percevons, nous sélectionnons l'information à traiter et excluons tout le reste, qui n'aura donc pas d'existence psychologique. C'est sur ce matériel sélectionné que s'appliquent ensuite les processus perceptifs donnant naissance à des percepts (→ p. 90). Puis les données traitées sont stockées en mémoire. La décision d'action est prise à l'issue de ce processus, selon que les connaissances qui viennent d'être acquises répondent ou non au but que s'est fixé la personne et permettent de produire l'action désirée. Ces actions peuvent être spontanées ou réfléchies, selon que le système chaud ou froid est activé (→ p. 115), ou encore être le résultat d'un automatisme.

L'attention est indispensable au traitement de la plupart des informations. Elle se caractérise par une capacité très limitée, ce qui rend impossible le traitement simultané de plusieurs données. Tout se passe comme si une grosse voiture – notre système cognitif qui est un puissant système de traitement – n'était dotée que d'un minuscule réservoir d'essence – nos ressources attentionnelles. Nous ne pouvons en effet être attentifs qu'à une seule chose à la fois, et ce, que nous soyons une femme ou un homme !

Le processus attentionnel est décrit comme une sorte d'entonnoir doté d'un filtre à son entrée, qui entraîne une focalisation sur une petite portion de l'environnement. Parmi la masse de stimulations qui parvient jusqu'à nos sens, seule une infime fraction traverse ce filtre et déclenche le processus de traitement. Tout ce qui a été rejeté tombe dans l'oubli. Les critères de sélection de ce filtre sont fixés par nos motivations, nos objectifs et nos connaissances antérieures.

Quand les données qui ont passé ce filtre ont été traitées, l'attention redevient disponible pour une nouvelle sélection. Il y a donc des fluctuations permanentes de l'attention, comme si un spot lumineux éclairait successivement différents points de l'environnement. C'est ce qui fait, par exemple, la grande difficulté pour l'enfant de suivre un cours dans lequel il doit regarder le tableau, écouter les consignes et écrire sur son cahier, tout en ignorant les sollicitations de ses camarades.

Toutefois, dans certains cas, deux ou trois données peuvent être traitées quasi simultanément. On parle alors d'attention partagée, ou distribuée. C'est le cas par exemple lorsque, après une longue pratique, l'enfant réussit à faire du vélo tout en parlant à son copain. Une telle distribution de l'attention est possible, mais elle se fait au détriment de la qualité de l'information recueillie sur chacune des tâches traitées respectivement et engendre souvent des erreurs. En fait, le traitement parallèle de plusieurs données simultanées est surtout possible quand certaines d'entre elles ne nécessitent pas d'investissement attentionnel, c'est-à-dire quand elles sont traitées automatiquement sans entamer les réserves d'attention. Certaines propriétés sont en effet traitées d'emblée de façon automatique, même chez le jeune enfant.

Fig. 1. Avec ou sans attention

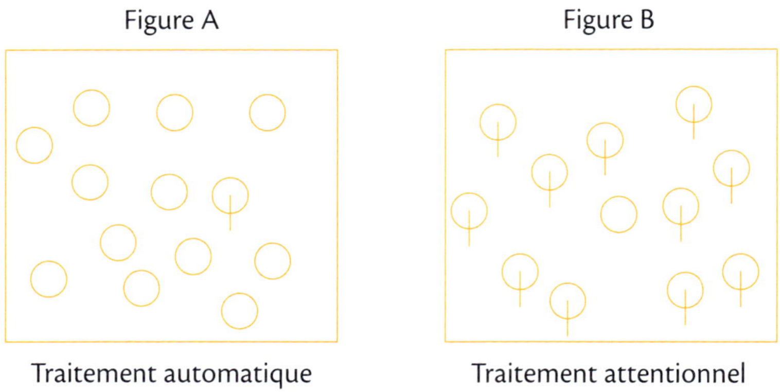

Dans la figure A, la détection du cercle qui comporte un trait vertical est automatique : il « saute aux yeux », et le temps nécessaire pour donner la bonne réponse est très court. Dans la figure B, la détection du cercle qui n'a pas un trait vertical nécessite plus d'attention : il faut explorer l'ensemble de la figure pour trouver la cible en question, ce qui allonge le temps de réponse.

Le test de Stroop est un exemple de traitement automatique, acquis par un apprentissage scolaire spécifique (→ figure 2).

Quand on demande à un adulte ou à un enfant bon lecteur d'énoncer rapidement la couleur dans laquelle sont écrits ces mots, il se trompe souvent et lit le mot au lieu de donner la couleur. C'est parce que la lecture est devenue complètement automatisée et que nous avons très rarement besoin de traiter la couleur de l'encre des textes que nous lisons. Ces erreurs ne se retrouvent pas chez les enfants qui ne savent pas encore bien lire.

Fig. 2. Le test de Stroop

Des noms de couleurs sont écrits avec une encre d'une autre couleur : le mot « rouge » est écrit en bleu, le mot « vert » en rouge, etc. La tâche consiste à énoncer la couleur dans laquelle est écrit chaque mot et non à lire le mot.

ESSAI 1 (ÉNONCIATION DE LA COULEUR)
Bleu vert rouge noir rouge bleu noir rouge

ESSAI 2 (ÉNONCIATION DE LA COULEUR)
Rouge jaune bleu jaune vert jaune bleu jaune

Pour l'essai 1, la lecture est rapide et sans erreurs. Pour l'essai 2, de nombreuses erreurs sont observées chez les adultes et les enfants qui savent bien lire. Curieusement, les enfants de 4-6 ans font moins d'erreurs que les autres !

En conclusion, dans la plupart des cas, avec de l'entraînement, le traitement devient automatique. Par exemple, lorsqu'il se déplace, l'adulte traite de façon automatique et inconsciente les informations sensorielles qui lui permettent de maintenir son équilibre, alors que le petit enfant qui vient d'apprendre à marcher investit toute son attention dans cette activité locomotrice nouvelle pour lui. À un niveau cognitif plus élevé, le traitement de la localisation spatiale, c'est-à-dire la connaissance de la place des objets dans l'environnement, devient très vite automatique dès lors que cette place est permanente. Tout changement perturbe évidemment le processus et ramène le traitement au niveau conscient et attentionnel.

Les bases cérébrales de l'attention : le cortex préfrontal

Le cerveau est constitué de deux hémisphères reliés par un faisceau central appelé corps calleux (—> figure 4, p. 85), qui est la base biologique de la communication interhémisphérique. Chaque hémisphère est composé de plusieurs régions plus ou moins spécialisées dans certaines fonctions mentales. Le cortex préfrontal, la région proéminente au-dessus des yeux, est particulièrement impliqué dans l'attention. Le cerveau et ses aires cérébrales se composent d'immenses communautés de neurones, les plus petites unités de notre système nerveux, qui reçoivent ou échangent en permanence des informations électriques (influx nerveux) et chimiques (neurotransmetteurs) qui circulent dans notre corps. Ces communications permettent aux mécanismes attentionnels de s'activer avec succès, rendant possible la focalisation durable de la conscience sur des tâches précises.

Fig. 3. Les régions du cerveau vues de l'extérieur

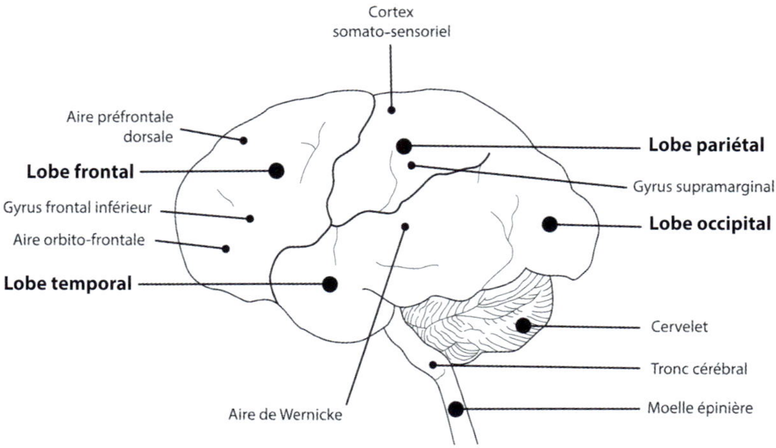

Représentation schématique d'un cerveau où apparaissent les quatre lobes principaux (en gras), ainsi que des structures cérébrales et des aires cérébrales

Tiré de F. Lejeune et É. Gentaz, *L'Enfant prématuré. Développement neurocognitif et affectif*, Paris, Odile Jacob, 2015.

Fig. 4. Les régions du cerveau vues de l'intérieur

Représentation schématique où apparaissent les structures cérébrales (corticales et sous-corticales) et les zones de certaines structures non visibles sur la présente figure à cause du choix de la coupe (en italique).

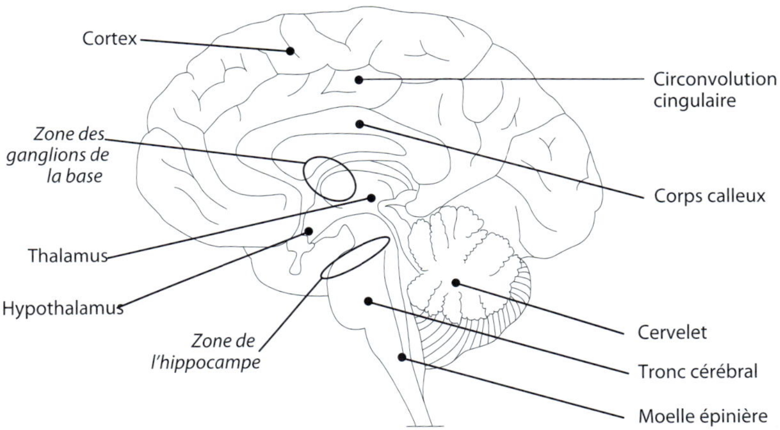

Tiré de F. Lejeune et É. Gentaz, *L'Enfant prématuré. Développement neurocognitif et affectif*, Paris, Odile Jacob, 2015.

Le rôle majeur de la motivation et des émotions dans le développement de l'attention

Entre 2 et 6 ans, le développement attentionnel est rapide, mais loin d'être achevé. Au cours de cette période, l'enfant se montre en effet de plus en plus attentif, et de plus en plus durablement. Point majeur dans la mobilisation des mécanismes attentionnels : elle est fortement influencée par la motivation, par le plaisir et, bien entendu, par les remarques positives que les adultes lui adressent régulièrement. Plus l'enfant a de bonnes raisons de faire l'effort d'être attentif, plus il se montre capable de l'être et d'exercer longtemps ce contrôle sur son mental et sur son corps. De manière globale, on a toujours une bonne raison d'être attentif, que ce soit pour obtenir une récompense ou pour éviter un danger. Les situations qui nécessitent toute notre attention varient en permanence, mais une chose est sûre : la motivation est fondamentale dans le développement de l'attention chez l'enfant et dans sa mobilisation tout au long de la vie. Il est bon de savoir que c'est une compétence qui s'entraîne, notamment lors de longues périodes de concentration.

Vers 5-6 ans : cap vers l'attention soutenue !

Vers l'âge de 5-6 ans, les enfants sont de plus en plus capables de demeurer attentifs. Toutefois, cette ressource reste (et restera) limitée dans le temps. Il importe donc, en tant que parent, enseignant ou éducateur, de savoir qu'il existe des circonstances, après par exemple une longue activité, dans lesquelles l'enfant ne peut plus être attentif, faute de ressources. De même, à certaines périodes de l'année ou après des activités intenses, les enfants se montrent moins disponibles et leur emploi du temps doit être allégé en conséquence. Même si, malheureusement, la sieste n'est souvent plus pratiquée après l'âge de 4 ou 5 ans, rien ne vaut un bon temps de repos pour ressourcer son attention et retrouver un enfant plus disponible, à nouveau capable d'exercer un contrôle volontaire sur son mental et sur son comportement.

Comment accompagner le développement de l'attention de mon enfant ?

Nous attendons, à tort, d'un enfant qu'il soit aussi attentif que nous pouvons l'être – c'est-à-dire qu'il ne bouge pas ! Or un enfant en mouvement peut aussi être attentif et très concentré sur ce que nous disons. Un enfant dont les mains sont occupées, par exemple lorsqu'il dessine, est parfois plus disponible pour écouter ce qu'on lui dit.

Son inattention ou son impulsivité peut parfois nous faire perdre patience, nous épuiser en conflit et instaurer une ambiance familiale délétère. Pour éviter d'en arriver là, la première chose à faire consiste à s'armer de patience, à tenir compte de l'importance des facteurs affectifs, sociaux et physiologiques, de la limite de ses ressources attentionnelles et, bien entendu, de l'aspect progressif du développement de ses capacités attentionnelles.

De nombreuses petites astuces peuvent aider votre enfant à développer et à contrôler son attention au quotidien :

- **Évitez de l'interrompre** lorsqu'il est absorbé par une activité car son attention est en plein exercice et en construction.
- **Encouragez toutes les activités qu'il effectuera pour lui-même :** satisfaire sa curiosité (c'est-à-dire sa motivation intrinsèque) est favorable à une attention soutenue de sa part.
- **Organisez des activités rituelles,** sans distractions, comme la lecture d'une histoire le soir, sans jouer avec votre téléphone ni répondre à vos mails.
- **Identifiez les distractions possibles** et leurs effets potentiels (la musique, la sonnerie des messages reçus, ou les bruits irréguliers) et les stratégies pour les réguler.
- **Définissez l'objectif à atteindre** et décomposez-le en étapes simples et claires afin de lui demander une seule chose à la fois ; entre ces étapes, laissez-lui des moments de « distraction ».
- **Prévoyez des activités régénératrices** adaptées à chaque enfant, comme des activités physiques pour certains ou des activités musicales pour d'autres, entre deux périodes de concentration intense afin de recharger ses « batteries attentionnelles ».
- **Conservez aussi du temps pour ne « rien faire » ;** ces moments sont très importants car ils permettent à votre enfant de réfléchir sur lui-même, de se remémorer des expériences passées et de les réinterpréter si besoin.
- **Fixer des règles et des limites fermes** est aussi important, par exemple, ranger son jeu après l'avoir utilisé ou encore être assis lorsqu'on utilise des ciseaux. Ce cadre favorise un temps de recharge attentionnelle.
- Enfin, veillez à ce que votre enfant ne se retrouve pas en déficit de sommeil ou en hypoglycémie ; **bien dormir et bien se nourrir** lui sont essentiels pour maintenir une bonne attention tout au long de la journée !

CONSEILS DE LECTURE

J.-F. Camus, *La Psychologie cognitive de l'attention*, Paris, Armand Colin, 1996.
J.-P. Lachaux, *Le Cerveau funambule*, Paris, Odile Jacob, 2015.

zoom sur…

L'ATTENTION

Un enfant peut être très attentif au cours de nombreuses activités : tâches de motricité fine, jeux, mouvements de coordination, etc. Faire attention s'apprend progressivement dès le plus âge.

Une attention soutenue peut se traduire par la bouche entrouverte et la langue légèrement tirée.

Attention, ne pas tirer la langue ne signifie pas pour autant que l'enfant n'est pas concentré !

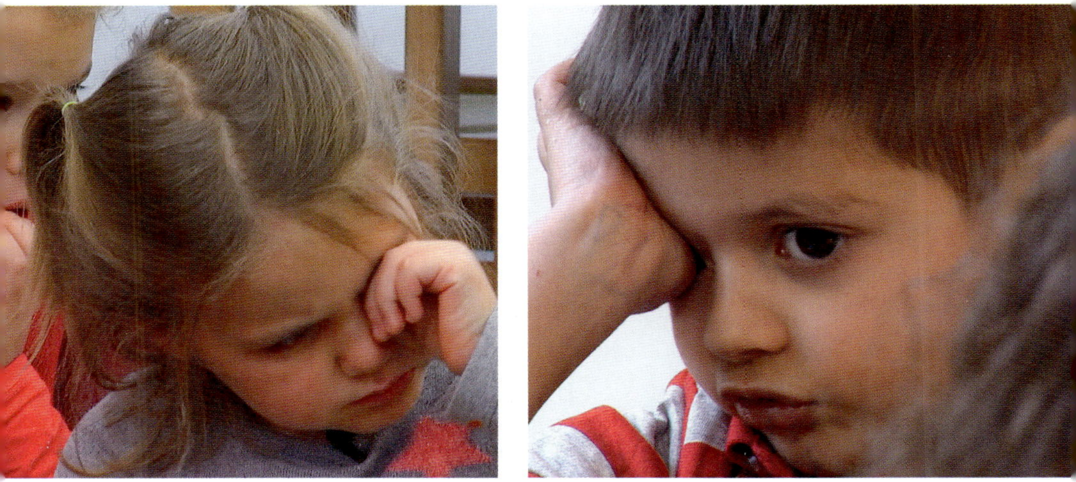

Faire attention ou se concentrer pendant une activité difficile exige de grandes ressources attentionnelles et engendre une fatigue qui se traduit par l'arrêt ou le changement d'activité.

La perception du monde

Pour communiquer avec le monde qui nous entoure, nous avons besoin de le percevoir. Notre perception nous permet d'extraire l'information contenue dans les stimulations sensorielles sélectionnées par nos sens. Chacun de ces sens est sensible à un type d'énergie : la vision est activée par les ondes lumineuses, l'audition par des vibrations d'une certaine longueur d'onde, le toucher par des déformations mécaniques de la peau et des structures profondes des muscles et des articulations, l'odorat par les particules en suspension dans l'air, etc. Plusieurs de ces sens sont activés en permanence, simultanément ou successivement.

Une perception multisensorielle

Nos sens se coordonnent pour parvenir à une connaissance de notre environnement. Cette coordination implique des transferts d'informations entre les sens. Il y a transfert quand une information acquise par un sens, par exemple la vision, est transférée à un autre sens, comme le toucher. De tels transferts sont d'une grande utilité, car ils permettent des économies d'apprentissage. Ainsi, la vue d'un tapis est associée en même temps à la perception tactile d'une certaine texture, en l'occurrence pelucheuse, tandis que la vue d'une surface en plastique lisse est associée à une autre sensation tactile. Par apprentissage, toutes ces informations sont combinées et traitées par notre cerveau qui adapte notre comportement en fonction ; ainsi, à la simple vue d'une tasse, nous allons avoir une prise prudente, car nous avons acquis la connaissance que le contenu peut être chaud.

Une autre forme d'interaction entre les sens est ce que nous appelons la synesthésie. Elle décrit le fait que la stimulation d'un sens par une énergie spécifique, par exemple les ondes lumineuses qui déclenchent le processus visuel, a un effet sur un autre sens, comme l'audition qui, en principe, ne réagit pas à ce type d'énergie. Cela apparaît dans les métaphores comme « une couleur chaude », ou « un parfum lourd ». Mais il ne s'agit pas uniquement de métaphores, comme le montre l'exemple suivant : on présente côte à côte deux dessins sans signification, l'un constitué uniquement de lignes droites entrecroisées et formant des angles, l'autre uniquement de lignes courbes entrecroisées (→ figure 5). Par ailleurs, on présente séparément deux mots sans signification, « malouma » et « takété » et on demande aux adultes ou aux enfants d'associer un de ces mots à chaque dessin.

Fig. 5. Malouma et Takété

La tâche consiste à associer chacun des deux mots sans signification à chacun des deux dessins sans signification. Les associations faites aussi bien chez les adultes que chez les enfants sont systématiques : « takété » avec celui de gauche et « malouma » avec le dessin de droite.

Dans 100 % des cas, le mot « malouma » est associé au dessin courbe et le mot « takété » au dessin anguleux, comme s'il y avait une sorte de correspondance entre les caractéristiques visuelles des dessins et les caractéristiques sonores des mots. D'une manière générale, les formes arrondies sont associées à ce qui est agréable, gracieux et sécurisant, tandis que les formes pointues et anguleuses sont associées à ce qui est dur, agressif et dangereux. Ces associations existent dès le plus jeune âge et sont évidemment prises en compte par les fabricants de jouets quand ils cherchent à donner un nom à un nouveau produit.

> **Le saviez-vous ?**
>
> Une personne sur vingt-cinq serait synesthète, c'est-à-dire capable d'associer spontanément deux sens pour exprimer sa pensée. Par exemple, « une musique colorée » implique une association entre l'audition et la vision. Il existe différentes synesthésies : par exemple, une couleur ou une forme avec un chiffre, une lettre, un nom, un mot, une note de musique, etc. Cette capacité pourrait expliquer certaines productions artistiques pour des personnes dont la perception de la réalité est différente et ainsi source de créativité.

Une efficacité variable

La qualité de notre perception va dépendre des différents sens, car celle-ci n'est pas la même dans tous les domaines. En effet, le pouvoir de discrimination de chaque sens varie selon les domaines considérés et chacun a une spécialisation fonctionnelle particulière, c'est-à-dire un domaine dans lequel il est le plus performant.

Le domaine d'excellence de la vision est sans conteste celui des perceptions spatiales. La vision est une perception à distance qui nous permet de voir très loin, mais aussi très près. En effet, grâce à la densité des récepteurs sensoriels concentrés sur la partie centrale de la rétine – la fovéa –, des discriminations très fines sont possibles : localisation, forme, taille, distance, orientation ou texture. La partie périphérique de la rétine, moins bien dotée en récepteurs, est très sensible à la détection des mouvements. Par ailleurs, elle signale la présence d'informations potentiellement intéressantes sur lesquelles la fovéa pourra se fixer pour les identifier avec précision. Grâce aux mouvements oculaires, et à ceux de la tête et du tronc, le système visuel permet une exploration systématique de l'environnement et, comme le traitement des stimulations visuelles n'excède pas quelques fractions de secondes, la vision est certainement le sens le mieux adapté à la perception de l'espace.

L'audition est aussi une perception à distance. Elle apporte également des informations sur l'espace, principalement sur la localisation d'une source sonore, mais de façon moins précise que la vision. En revanche, elle est spécialisée et particulièrement performante dans la perception de ce qui est successif, comme le temps, les durées, les rythmes, la musique et, évidemment, dans la perception de la parole.

Enfin, le toucher a la particularité d'être une perception de contact puisqu'il faut que l'objet entre en contact avec la peau pour déclencher l'excitation sensorielle. En conséquence, le champ perceptif tactile, c'est-à-dire la portion d'espace perçue à un instant donné, sans mouvement, est beaucoup plus petit que les champs visuel ou auditif, car il se limite à la zone de contact avec l'objet. Pour percevoir l'objet dans sa totalité, il faut donc effectuer des mouvements manuels d'exploration, ce qui introduit une composante kinesthésique, c'est-à-dire la perception des mouvements. Comme la vision, le toucher apporte des informations sur la localisation, la forme, la taille, l'orientation, mais il est nettement moins performant dans ce domaine. Il la remplace cependant avec succès en cas de défaillance du système visuel, comme cela se produit chez les personnes aveugles. Cependant, la réelle spécialisation fonctionnelle du toucher, c'est-à-dire le domaine dans lequel il est le plus performant, concerne plutôt les propriétés des matériaux, comme la texture, la masse, l'élasticité ou la dureté, la viscosité, la température, etc.

Enfin, certaines perceptions peuvent changer au cours du développement. Par exemple, les enfants peuvent être plus sensibles aux sensations tactiles. Ils réagissent plus fortement aux variations de température. En effet, ce que nous considérons comme tiède peut être trop chaud pour eux et ils peuvent éprouver des sensations de brûlures plus rapidement. Au niveau de l'audition, nous perdons la sensibilité à certaines fréquences auditives aiguës en vieillissant. Les enfants peuvent donc entendre des sons que nous ne percevons plus ! Aussi, nous avons intégré et acquis l'identification d'un grand nombre de bruits et notre filtre attentionnel (→ p. 80) les inhibe. Ce n'est pas le cas d'un enfant, qui peut réagir et avoir peur d'un grand nombre de bruits non connus.

Des lois d'organisation des perceptions similaires chez les adultes et les enfants

Nos perceptions suivent des lois d'organisation. Les éléments s'organisent d'emblée en une structure qui dépend de la disposition spatiale des éléments, et c'est cette structure globale que nous percevons. Plusieurs lois ont été décrites et agissent de manière analogue dans tous les sens.

La plus primitive, qui semble innée, est ce que nous appelons la différenciation de la figure et du fond. Quand des traits noirs sont dessinés sur une feuille blanche, ou quand quelque chose est posé sur une nappe, nous percevons immédiatement la présence d'un objet qui se détache du fond et qui a une existence indépendante de celui-ci, même si nous ne pouvons pas encore dire ce qu'est exactement cet objet. La connaissance de cette loi est importante par exemple pour saisir un objet spécifique, comme un crayon de couleur. Pour le faire ressortir, il faut qu'il se détache le mieux possible du fond qui sert seulement de support de présentation. Ce fond doit donc être neutre et homogène pour que l'attention ne se fixe pas sur lui, mais sur l'objet en question. S'il y a trop de crayons sur un même espace et qu'ils masquent ainsi le fond, ils seront moins facilement perçus, et cela d'autant plus que leur nombre dépassera les capacités attentionnelles de traitement.

D'autres lois d'organisation de la perception des formes sont utiles à connaître, comme les lois de proximité et de similarité (⟶ figure 6).

Fig. 6. Proximité / Similarité

Les éléments proches (loi de proximité) ou semblables (loi de similarité) sont perçus comme appartenant à la même unité, le même objet.

Loi de proximité — Loi de similarité

Quand des éléments sont proches l'un de l'autre, ou lorsqu'ils sont semblables, ils ont tendance à être groupés et à être perçus comme une seule entité, alors que des éléments éloignés ou différents ont tendance à être perçus comme des unités indépendantes. Ces lois sont valables dans la vision comme dans l'audition et en partie aussi dans le toucher, que ce soit chez les adultes ou chez les enfants.

Enfin, la perception ne dépend pas seulement des données sensorielles transmises par nos systèmes récepteurs, elle est aussi modifiée par le contexte et les représentations mentales. Ainsi, lorsqu'un stimulus est un peu ambigu, il reçoit une signification différente selon le contexte dans lequel il se trouve. Par exemple, le dessin ambigu est lu comme un B dans une série de lettres et comme un 13 dans une série de nombres. Nous voyons ici apparaître le rôle de la catégorisation dans nos représentations, un élément isolé ayant tendance à être assimilé à la catégorie au sein de laquelle il est présenté (→ figure 7).

Fig. 7. Le contexte aide à percevoir

Le même stimulus ambigu est perçu soit comme un B, soit comme un 13, aussi bien chez les adultes que chez les enfants.

T D K C S 13

15 18 11 16 12 13

CONSEILS DE LECTURE

C. Chabris et K. Simons, *Le Gorille invisible. Quand nos intuitions jouent des tours*, Paris, Le Pommier, 2009.

É. Gentaz, *La Main, le cerveau et le toucher*, Paris, Dunod, 2009.

M. Luyat, *La Perception*, Paris, Dunod, 2009.

zoom sur...

LES SENS

Les enfants explorent l'environnement à l'aide de tous leurs sens pour percevoir toute la richesse du monde.

Les enfants apprécient les sensations tactiles de différentes textures par leurs mains (ils aiment jouer avec du sable), mais également par leurs pieds. Il est intéressant de les entraîner à développer leurs sens par des jeux, comme ici, avec un parcours sensoriel au cours duquel les enfants, pieds nus et les yeux bandés, explorent différentes textures qu'ils doivent deviner.

Les autres sens tels que le goût, l'odorat et la vision sont en plein développement chez l'enfant.

Ci-dessus, les enfants jouent avec du sable et utilisent spontanément leur odorat pour explorer leur environnement.

Ci-contre, ils goûtent la pâte du gâteau au chocolat qu'ils préparent. Il est en effet difficile pour un enfant de ne pas céder à la tentation de lécher la spatule !

Les préférences olfactives de l'enfant

Les réponses hédoniques positives ou négatives aux odeurs – « ça sent bon », « ça sent mauvais » – sont principalement acquises et dépendent donc de la culture. Les réactions suscitées par les odeurs sont aussi généralement variées d'une personne à l'autre et évoluent avec l'âge. Quelques préférences olfactives semblent cependant innées, telle l'odeur de vanille par rapport à celle d'œuf pourri.

Comment sentons-nous ?

Des molécules odorantes circulent dans l'air qui nous entoure. Ces dernières sont captées à travers le nez et la bouche, et viennent se fixer sur des récepteurs sensoriels. Nous en avons environ 5 millions, de 400 sortes différentes, répartis sur 2 cm^2, et qui se renouvellent tous les 45 jours. Ces « points d'atterrissage » sont situés sur un tissu spécifique à l'intérieur de la cavité nasale et captent uniquement les messagers olfactifs. Ces messagers sont traduits en messages électriques qui sont transmis au cerveau sous forme d'influx nerveux *via* le bulbe olfactif. Le cerveau synthétise le tout en une odeur qui pourra accéder ensuite à la conscience.

Alors que seuls quelques goûts peuvent être distingués par les papilles gustatives, les récepteurs olfactifs peuvent eux reconnaître jusqu'à 1 000 milliards d'odeurs différentes ! Une odeur associée à un goût s'appelle une flaveur. L'odorat a un rôle prédominant dans leur perception. C'est pourquoi de nombreux aliments nous paraissent fades lorsque nous avons un rhume. Faites l'expérience ! Bandez les yeux et bouchez le nez d'un volontaire et faites-le croquer dans un oignon : il est probable qu'il pense qu'il s'agit d'une pomme !

Comment se développe l'odorat ?

Le développement de l'odorat commence *in utero*, dès la huitième semaine de grossesse, quand apparaissent les récepteurs olfactifs. Vers 7-8 mois de gestation, ces récepteurs sont accessibles au liquide amniotique ; le fœtus « sent » alors l'environnement aqueux dans lequel se retrouvent toutes les molécules olfactives ingérées par la mère. Il développe des préférences : son rythme de succion s'accélère lorsque le liquide amniotique est sucré, et il diminue si celui-ci est amer. Le fœtus mémorise également les goûts auxquels il est exposé, et cette habituation (—> p. 146) marque ses préférences alimentaires dès les premiers jours de vie. À la naissance, il reconnaît l'odeur de sa mère et oriente sa tête vers celle-ci. En effet, la sueur maternelle contient les mêmes molécules olfactives que celles du liquide amniotique ; le bébé les a mémorisées et va donc chercher à retrouver ce qu'il connaît. Il a également une forte attirance pour l'odeur du lait maternel en général, qui est douce, ce qui favorise ainsi l'attachement (—> p. 12) avec la mère. Durant les premières semaines d'existence, le bébé mémorise et développe une attirance pour toutes les odeurs liées à son environnement, comme celles des personnes familières ou des espaces de la maison et sa mémoire olfactive lui permet de se familiariser avec eux. Âgé de quelques jours seulement, son odorat est presque aussi sensible que celui d'un adulte.

> **Le saviez-vous ?**
>
> **Les réponses émotionnelles aux odeurs dépendent beaucoup de la culture. Par exemple, les odeurs de fromages sont appréciées en France ou en Suisse, mais très peu dans les pays asiatiques. Un autre exemple, l'odeur très particulière du durian (un fruit très apprécié en Asie) est très peu aimée dans nos pays européens.**

La madeleine de Proust

L'odorat est très efficace chez le bébé qui en fait usage pour découvrir son environnement et s'y repérer. Il ne l'utilise pas pour juger de ce qui sent bon ou mauvais, mais bel et bien comme outil de préférence et d'orientation. Dès la naissance, l'odorat du bébé l'aide à s'adapter à son nouvel environnement et à se familiariser avec sa culture. Il est directement relié au système limbique, région sous-corticale (⟶ figure. 4, p. 85) qui est, entre autres, impliquée dans le traitement des émotions. Ce chemin direct, spécifique à ce sens, permet une mémorisation des odeurs à très long terme et des émotions ressenties en présence de certaines odeurs dans un contexte précis. C'est pourquoi, une fois adulte, une simple odeur peut nous plonger dans des souvenirs d'enfance précis et agréables (⟶ p. 109).

Comment accompagner le développement de son odorat ?

Il est important d'encourager l'enfant à conserver et même à entraîner sa sensibilité olfactive :

- **Proposez-lui des livres multisensoriels** et des jeux de type loto des odeurs, qui favorisent le développement de la mémoire olfactive. Demandez-lui de fermer les yeux afin de l'aider à être plus attentif à ses sensations.
- **Invitez-le à cuisiner avec vous et faites-lui sentir les aliments,** les épices et condiments pour qu'il se familiarise avec leurs odeurs.
- Lors de promenades dans les parcs ou à la campagne, **proposez-lui de sentir les fleurs,** et jouez à décrire les sensations que cela lui procure.
- **Proposez-lui de jardiner** et de planter des fleurs odorantes.
- **Si l'enfant a un doudou, ne le lavez pas trop souvent :** l'odeur qu'il porte est importante affectivement pour lui (⟶ p. 15).

CONSEIL DE LECTURE

A. Holley, *Éloge de l'odorat*, Paris, Odile Jacob, 1999.

Une affaire de goût

Nos préférences gustatives à l'âge adulte sont le fruit d'une interaction entre des préférences générales innées, similaires chez la plupart des enfants dans toutes les cultures, et des préférences spécifiques, acquises dans et par notre environnement.

Aux quatre saveurs bien connues dans notre culture – sucré, salé, acide et amer –, une cinquième, venue d'Asie, a été ajoutée à la liste : umami. Elle est relative au goût savoureux que l'on retrouve dans certains aliments contenant du glutamate.

D'où vient cette irrépressible attirance pour le sucré ?

Tous les enfants sont attirés spontanément par les aliments sucrés et gras. Cette préférence est compréhensible en termes d'évolution, car cette catégorie d'aliments offre globalement un apport nutritionnel élevé, nécessaire au bon fonctionnement de notre cerveau et de notre corps, très gourmands en énergie. En particulier, nous savons que la bonne marche de nos neurones suscite de manière continue des besoins métaboliques importants. Cette demande énergétique est comblée principalement par le glucose – autrement dit, le sucre. Comme le cerveau possède peu de réserves, il est donc dépendant de l'apport continu d'oxygène et de glucose.

Les légumes, eux, malgré d'autres bienfaits, n'apportent que peu d'énergie et ont rarement la préférence des enfants. Leurs goûts sont souvent marqués : certains sont amers, d'autres acides. Au cours de l'évolution de notre espèce, ces goûts ont pu représenter un risque de toxicité. C'est pourquoi les enfants ont la plupart du temps une aversion naturelle pour les aliments acides ou amers ; les poisons naturels, comme le cyanure, que l'on trouve dans les amandes sauvages, le sont ! Ce risque potentiel pourrait aussi expliquer pourquoi nous – et particulièrement les enfants ! – avons plutôt une tendance spontanée à aimer les aliments pauvres en goût, comme les pâtes ou le riz. En grandissant, nous apprenons à apprivoiser ces goûts, les apprécier devient un art, voire un rituel de passage. C'est ce qui se passe notamment avec le café, le vin ou la bière.

Comment certaines sensations gustatives s'acquièrent-elles ?

Les papilles de la langue apparaissent dès la 7e semaine de grossesse, et le développement du goût commence *in utero*. Le fœtus acquiert des sensations gustatives, qui accompagnent le développement d'autres sens indispensables au plaisir de manger, tels que le toucher et l'odorat. Ainsi, le fœtus, à 2 mois du terme, présente déjà des préférences alimentaires : son rythme de succion du liquide amniotique s'accélère lorsqu'il apprécie ce que sa mère vient de manger ou de boire.

Ces préférences demeurent une fois l'enfant né. Il s'orientera aussi plus facilement vers les odeurs et les flaveurs auxquelles il a été exposé *in utero* et lors de l'allaitement. Ces goûts resteront dans sa mémoire à long terme (→ p. 109).

Plus tard, le goût de l'enfant est influencé par celui de ses parents. En effet, nous ne cuisinons pas des aliments que nous n'aimons pas nous-mêmes ! De plus, nous avons tendance à ne plus préparer un plat lorsqu'il a été rejeté par notre enfant et à favoriser ce qu'il connaît et qu'il aime. Parfois, en dînant chez ses amis, et pour faire bonne figure aux yeux de leurs parents, il va se mettre à aimer certains plats qu'il refuse habituellement à la maison !

La peur de certains aliments

La néophobie alimentaire est la peur soudaine de la nouveauté alimentaire. Elle peut apparaître vers l'âge de 2 ans et correspond souvent au moment où l'enfant commence à manger seul. Ce geste lui confère le choix de porter l'aliment à sa bouche ou non, et donc aussi la responsabilité de ce qu'il donne à son corps. C'est pourquoi une méfiance spontanée envers les aliments peut se mettre en place chez de nombreux enfants et peut perdurer parfois, sans que l'on sache pourquoi, jusqu'à l'âge de 10 ans.

> **Le saviez-vous ?**
>
> **Le groupe d'amis est bénéfique pour l'enfant qui, lorsqu'il mange entouré d'autres enfants, finit par goûter et aimer des aliments qu'il refusait jusqu'alors !**

Par ailleurs, un aliment, jusqu'alors apprécié, pourra soudain être rejeté. Une première explication réside dans une présentation de cette nourriture légèrement modifiée. En effet, pour un jeune enfant, dont les capacités de catégorisation et d'abstraction en sont à leurs débuts, un aliment dont la forme n'est pas identique à celle dont il a l'habitude sera considéré comme nouveau. Par exemple, le simple ajout d'un brin de persil en guise de décoration sur une assiette de spaghettis pourra susciter une vive réaction de dégoût envers le plat entier de la part de l'enfant, qui perçoit le menu comme étant « autre chose » que des pâtes ! Une autre explication résiderait dans une hypersensibilité sensorielle qui décuplerait les goûts chez certains petits. Ils n'aiment pas les « odeurs » en bouche et sont vite dégoûtés par les aliments avec trop de flaveurs.

Autour de 2-3 ans, c'est également une période où l'enfant commence à s'affirmer et découvre sa capacité à exprimer certains choix *via* des préférences alimentaires différentes de celles de ses parents. Finalement, face à une grande quantité de nouveautés et de découvertes quotidiennes, vouloir manger toujours la même chose peut être considéré comme un repère rassurant.

Mon enfant doit-il terminer son assiette ?

La plupart des enfants ont une capacité spontanée à autoréguler leur appétit. Lorsqu'ils sont laissés libres de manger les quantités qu'ils désirent, ils équilibrent spontanément leurs apports caloriques au cours de la journée. Parce qu'ils sont au contact direct de leurs sensations, ils perçoivent très nettement la satiété et le plaisir qu'ils éprouvent à manger s'arrête aussitôt qu'ils sont repus. Afin qu'il garde intacte cette capacité de suivre ses indicateurs physiologiques, il est donc peu pertinent de forcer un enfant à finir son assiette.

En effet, il est parfois difficile pour nous, adultes, de manger selon nos besoins réels tant nous avons normé notre façon de nous nourrir, en nous adaptant à des horaires, à des contraintes sociales, comme finir son assiette ou prendre un dessert par « convivialité ». L'enfant ne mange pas « avec sa tête », il a la « sagesse du ventre ». S'il ne faut pas le laisser ingurgiter tout ce qu'il souhaite, il est bon de le laisser juger de la quantité de nourriture ingérée et de lui faire confiance – pour autant que la phrase « je n'ai plus faim » ne devienne pas une façon d'exprimer un « je n'aime pas ». D'un point de vue plus pratique, il faut lui apprendre à se servir une portion adéquate, quitte à se qu'il se serve de nouveau, et ce, afin d'éviter de l'habituer au gaspillage alimentaire.

Comment accompagner son développement ?

- **Nous mangeons avec tous nos sens** : la vue, l'odorat, le toucher et l'ouïe jouent un rôle tout aussi important dans l'acte de manger que le goût. Nos perceptions sont multisensorielles (→ p. 90). Il est possible de rendre un repas « étonnant » en proposant différentes textures ou couleurs à votre enfant.
- **Ne forcez pas votre enfant** à finir un aliment nouveau qu'il n'aime pas. Ainsi, il gardera sa confiance en vous pour goûter un nouvel aliment ou rejoindre sereinement la table lors du prochain repas.
- **Tâchez de l'encourager à goûter** de nouveaux aliments, et réitérez l'expérience si votre enfant n'aime pas ce que vous lui proposez pour la première fois. En effet, un aliment présenté plusieurs fois finit souvent par être apprécié. C'est par l'habituation (→ p. 146) que l'enfant s'approprie de nouvelles saveurs. Après plusieurs essais infructueux, veillez toutefois à respecter ses goûts – vous non plus, vous n'aimez pas tout !
- **Aucun aliment n'est mauvais en soi,** tout est question de mesure et d'équilibre, et cela s'apprend dès le plus jeune âge !
- **Favorisez une ambiance conviviale.** En effet, lorsque l'enfant partage son repas entouré de sa famille ou d'amis qui mangent avec plaisir, il aimera certains aliments par « contagion émotionnelle ». S'il observe des adultes manger du fromage, il est probable qu'il aura lui aussi envie de goûter, et il anticipera une réaction positive.

• **Un contexte chaleureux** et détendu lors des repas évitera à votre enfant d'associer ces moments à une charge émotionnelle trop lourde et de les appréhender.

• **Évitez le chantage alimentaire** ou les punitions (→ p. 41). Ce type de comportements va créer chez l'enfant un lien (un conditionnement) entre la nourriture et une émotion négative (→ p. 20).

• **Emmenez votre enfant au marché,** faites-le participer à la culture puis à la cueillette des fruits et légumes d'un jardin, associez-le à la préparation du repas. En effet, l'enfant goûte plus volontiers ce qu'il a lui-même acheté, planté, cueilli ou cuisiné.

• **Développez son vocabulaire** autour des aliments et de la cuisine. Encouragez-le à décrire ses sensations et à ne pas se limiter à « c'est bon/ce n'est pas bon ». Il s'appropriera ainsi les différents goûts ou textures, et prendra plaisir à goûter.

• **Laissez-le choisir :** lorsque votre enfant est assez grand, il est possible de lui laisser le choix entre deux plats et de l'impliquer dans les décisions. Il se sentira alors concerné et mangera ou goûtera plus volontiers. Vous devez cependant rester le responsable final du plat et le garant de son équilibre alimentaire.

• **Le jeu a une importance capitale** pour l'enfant dans l'appropriation de sa culture alimentaire. Il imite et répète ainsi les gestes observés, entraîne son vocabulaire culinaire, ou invente des recettes « pour de faux » (→ p. 34).

CONSEIL DE LECTURE

N. Rigal, *La Naissance du goût*, Paris, Agnès Viénot, 2000.

« Quand est-ce qu'on arrive ? »

Nous avons tous fait l'expérience du temps qui passe trop vite ou, à l'inverse, des minutes qui paraissent des heures, par exemple lorsque l'on attend son tour aux urgences pédiatriques ! Ces ralentissements ou ces accélérations illusoires du temps surviennent et varient selon nos états physiologiques (par exemple en cas de fièvre), émotionnels (lorsque nous avons peur), physiques (lorsque nous souffrons) ou cognitifs (lorsque nous sommes très concentrés). Aussi, lorsque nos horaires sont modifiés (par exemple en vacances, ou lors de périodes de travail intensif) et que les repères sociaux disparaissent, nous perdons nos repères temporels.

C'est entre autres pour ces raisons que nous avons externalisé l'évaluation objective du temps qui passe *via* d'innombrables horloges et montres.

Deux mécanismes pour percevoir le temps

Même si nous n'avons pas de récepteurs sensoriels dédiés à cette propriété, nous sommes capables de percevoir le temps. Pour cela, nous disposons de deux mécanismes internes : le premier permet de rythmer notre horloge biologique interne, ou rythme circadien, et nous indique à quel moment manger ou dormir ; le second permet de percevoir le temps qui passe. Trois structures agissent successivement : d'abord une sorte de métronome qui battrait la « mesure du temps » en permanence. Puis une autre structure jouerait le rôle d'interrupteur, marquant un point de départ et un point d'arrivée lorsque nous devons quantifier une durée. Enfin, une dernière structure serait chargée de « compter » le nombre de mesures temporelles écoulées depuis l'amorçage de l'interrupteur. Grâce à cette organisation complexe, nous sommes capables d'avoir une certaine notion du temps.

À quel âge comprend-on que le temps passe ?

Dès son plus jeune âge, un enfant est capable d'estimer grossièrement le temps qui passe et de distinguer un événement lent d'un événement rapide. Mais ce n'est qu'à partir de 10 ans qu'il est en mesure de se représenter mentalement le temps de manière abstraite. Cette transition prend plusieurs années pour se mettre en place et sera guidée par ses propres actions ; très jeune, il répète des séquences d'actions et mémorise implicitement leur temporalité (par exemple, en faisant des allers et retours avec sa petite voiture entre deux endroits de sa chambre). La durée d'une action particulière dans un contexte précis permet ainsi une abstraction future. Précisons que la notion de « temps qui passe » n'est pas véritablement accessible pour le jeune enfant tant il vit dans l'instant présent, ce qui se traduit également dans son langage : lorsque l'enfant commence à parler, il conjugue tous les verbes au présent (→ p. 156) !

À partir de 3 ou 4 ans, sa vie quotidienne est composée d'actions répétitives et organisées temporellement : se réveiller le matin et se coucher le soir sont deux repères acquis. Cependant, lorsqu'il s'éveille d'une sieste, il ne sait pas toujours si c'est le matin ou l'après-midi. Il comprend la différence entre « hier » et « demain », comme un « avant » et un « après » le moment présent. Ces notions sont travaillées à la petite école.

Puis, vers l'âge de 5 ans, grâce à une organisation journalière récurrente, il parvient à ordonner les événements de sa journée – bien qu'il puisse encore commettre quelques erreurs, et ce jusqu'à l'âge de 7 ans. Il discerne le matin de l'après-midi. Lorsque l'enfant entre à la « grande école » (6-12 ans), il acquiert donc la notion de semaine, en comprenant qu'il y a des jours avec école et d'autres sans, et va petit à petit les nommer. Attribuer un nom à un jour est une convention qui représente une très grande abstraction pour l'enfant, qui commencera d'abord par apprendre par cœur la succession des noms, sans que cela soit très concret pour lui.

Ensuite, à partir de 6 ans, l'enfant commence à comprendre explicitement que le temps est continu et qu'il ne s'agit pas seulement d'une succession de moments liés à des actions. C'est à cet âge également qu'il va commencer à lire l'heure et à comprendre qu'il existe une relation entre ce qu'il perçoit et le temps que l'on mesure.

Enfin, à partir de 8 ans, l'enfant se repère dans une semaine facilement, souvent relativement au week-end. Après 11 ans, il acquiert la notion de durée et pense spontanément au temps comme une composante de sa journée.

Comment accompagner son développement ?

Organiser les journées selon un rythme très régulier aide votre enfant, dès son plus jeune âge, à mémoriser des moments de référence, ou encore des balises temporelles. La notion d'horaire étant très abstraite pour l'enfant, il faut donc utiliser des repères concrets sous forme d'action, comme se brosser les dents avant de se coucher. Plus tard, il est possible d'introduire des jeux avec des séquences temporelles précises que l'enfant devra ordonner selon la logique de déroulement pour les mener à bien, par exemple une chasse aux trésors.

De même, lui raconter des événements qu'il a vécus plus jeune en s'appuyant sur des photographies où il apparaît lui permet de s'approprier le passage du temps.

Selon le même principe, vous pouvez utiliser un calendrier pour lui montrer que le temps qui passe est une réalité. Quand l'enfant grandit, on peut écrire sur un papier les différents jours de la semaine et y représenter les activités (école ou loisirs par exemple) relatives à chaque jour. L'enfant associe ce qu'il voit sur ce tableau à ce qu'il vit et comprend l'organisation hebdomadaire. Il est possible de faire la même chose avec les saisons, les années, etc. Les supports visuels aideront l'enfant à construire et à s'approprier la notion de temps. Lorsqu'il est âgé de 6-7 ans, il est capable de lire l'heure sur une horloge et peut donc avoir une montre (avec des aiguilles, de préférence !).

CONSEIL DE LECTURE

F. Macar, *Le Temps*, Bruxelles, Mardaga, 2013.

Se souvenir des jolies choses : la mémoire

La mémoire est la capacité cognitive essentielle sans laquelle il ne pourrait y avoir de conservation de savoirs, de savoir-faire et de savoir-être. Sans elle, pas de notions de temps, d'histoire, de passé et de présent ! La mémoire intervient à tous les niveaux du traitement de l'information, mais sous des formes différentes. Il existe plusieurs systèmes de mémoire aux caractéristiques spécifiques.

La mémoire à court terme et son développement

La mémoire à court terme (MCT) constitue une phase cruciale du processus de mémorisation. C'est une mémoire transitoire dont la capacité de conservation est très limitée en quantité et en durée. La MCT d'un adulte ne peut conserver en même temps que 7 items environ (+ ou – 2) et ce pendant 50 à 60 secondes. Si, pendant cette durée, ces éléments ne sont pas traités et transférés dans la mémoire à long terme, ils sont ensuite oubliés et donc irrécupérables. Pour conserver ces éléments, il faut procéder à une répétition mentale, qui permet de les fixer dans la mémoire à long terme. Par exemple, un numéro de téléphone donné oralement ne peut être mémorisé que si on le répète plusieurs fois dans sa tête ou à haute voix, faute de quoi on l'oublie très vite. Pour faciliter sa mémorisation, il est alors préférable de grouper les chiffres par 2 ou 3 : chaque groupe apparaîtra comme s'il s'agissait d'un seul item et la capacité de la MCT s'en trouvera augmentée. Ainsi, la présentation d'une suite de chiffres sous la forme : 07 41 72 55 48 est préférable à sa présentation sous la forme : 0741725548, car celle-ci dépasse largement les capacités de la MCT.

Pour mesurer le développement de la MCT, on présente à des enfants d'âges différents des listes de chiffres, de lettres ou de mots de longueur croissante, et on mesure la liste la plus longue pouvant être rappelée dans l'ordre et sans erreur ; cela correspond à la capacité de MCT. Les performances des enfants augmentent avec l'âge : en moyenne, 4,1 à 7 ans, 5,3 à 11 ans et 5,6 à 15 ans. La vitesse de développement, importante dans les premières années (principalement entre 2 et 9 ans), décroît progressivement au début de l'adolescence, avec des performances similaires à celles des adultes.

Le saviez-vous ?

L'amnésie infantile désigne classiquement l'absence (avant 2 ans) puis la relative pauvreté (jusqu'à 6 ans) des souvenirs autobiographiques relatifs aux premières années. Il s'agit d'un phénomène universel et robuste, mais qui semble en apparence paradoxal, compte tenu des compétences mnésiques que l'on peut observer chez les bébés (→ p. 142).

La disparition progressive de l'amnésie avec l'âge s'explique en partie par les progrès dans le développement des systèmes de mémoire, à savoir l'élaboration de traces mnésiques de plus en plus riches et donc plus stables dans le temps, l'augmentation spectaculaire de la durée de rétention et une récupération des souvenirs de moins en moins dépendante du contexte de création. Ces progrès sont vraisemblablement sous-tendus par la maturation progressive de structures cérébrales qui, comme l'hippocampe (→ figure 4, p. 85), sont impliquées dans la formation des souvenirs épisodiques. L'amnésie infantile s'explique aussi par le niveau de développement du sens du soi cognitif (→ p. 60), et c'est également à partir de cet âge qu'apparaissent les premiers souvenirs autobiographiques.

D'autres compétences émergent avec l'âge comme la théorie de l'esprit (→ p. 57), la compréhension de la notion de temps (→ p. 106), l'acquisition du langage oral, la production de récits de soi et les conversations avec l'adulte (→ p. 156), qui contribuent elles aussi à la disparition de l'amnésie infantile.

La mémoire à long terme

Contrairement à la mémoire à court terme, ou mémoire de travail (→ p. 112), la mémoire à long terme (MLT) a une capacité illimitée en quantité et en durée. Elle n'est donc jamais saturée et nous pouvons toujours y ajouter de nouvelles connaissances. La durée de conservation en MLT est, elle aussi, illimitée : en principe, nous n'oublions pas ce qui a été conservé en MLT.

Évidemment, le problème est de pouvoir récupérer les informations stockées… Cette opération de récupération, très complexe, n'est pas toujours couronnée de succès au moment voulu. Étant donné la masse des connaissances conservées en MLT, celles-ci doivent nécessairement être regroupées et classées en catégories. Il y a bien sûr un grand nombre de classements possibles et, en outre, chaque connaissance peut appartenir à plusieurs catégories (→ p. 196). C'est pourquoi la récupération d'un souvenir est facilitée si on sait à quelle catégorie conceptuelle ou spatio-temporelle on peut le rattacher et si on connaît le contexte dans lequel il se situe. Par exemple, quand on commence à penser aux vacances en famille, des souvenirs spécifiques, comme un orage alors qu'on dormait sous une tente, redeviennent accessibles. C'est le même processus, mais inverse, que nous utilisons lorsque nous élaborons des moyens mnémotechniques pour mémoriser quelque chose de nouveau ; nous contextualisons l'information pour créer des liens.

Au sein de la MLT, on peut distinguer les souvenirs liés à des savoirs explicites, c'est-à-dire des contenus de connaissance comme la date de la Révolution française ou celle de la bataille de Marignan, et les souvenirs liés à des savoirs implicites, c'est-à-dire des savoir-faire ou des procédures automatisées, comme faire du vélo ou encore faire usage des codes sociaux appris, comme dire merci quand on nous donne quelque chose.

Émotion et mémoire : le duo gagnant

On oublie parfois à quel point l'émotion influence la qualité de la mémorisation et la récupération des souvenirs. Ainsi se souvient-on mieux des événements ou des contenus de connaissance « chargés » émotionnellement (de manière positive ou négative) que des éléments « neutres ». En d'autres termes, l'émotion donne une coloration particulière au souvenir qui rend souvent sa récupération en mémoire plus facile.

De la mémoire *in utero* ?

Aussi incroyable que cela puisse paraître, le fœtus est déjà capable de mémoriser des informations ! Par exemple, dès le 6e mois de grossesse, période à laquelle se développe le système auditif, on constate que le fœtus réagit spécifiquement à certaines fréquences sonores qui lui sont devenues familières, notamment, la voix de sa mère. En fin de grossesse, les fœtus sont capables de différencier leur langue maternelle d'une langue étrangère (→ p. 162). Lorsque le bébé vient au monde, il n'est donc pas une page blanche et peut continuer son travail de mémorisation en mobilisant tous ses sens.

Les reviviscences mnésiques

Les chemins de la mémoire et du souvenir chez les enfants peuvent apparaître énigmatiques à des parents qui constatent souvent la résurgence d'un fait anecdotique à un moment étonnant, parfois plusieurs mois après sa survenue. Ces souvenirs, hors contextes, peuvent émerger au cours de moments de vagabondage mental : quand ils n'ont pas de tâches précises à effectuer ou rien de précis à quoi penser, des souvenirs peuvent être réactivés. Par exemple, lors d'un trajet en voiture, un enfant peut subitement partager un souvenir très lointain et apparemment déconnecté du moment présent. Cet état est propice à ce genre de phénomène. Ces reviviscences mnésiques existent aussi chez l'adulte, mais ce dernier a appris à les filtrer, à les inhiber et à empêcher qu'elles n'interfèrent à un moment durant lequel elles ne sont pas les bienvenues. En revanche, ce type de souvenirs spontanés est souvent libéré lors de rêveries ou au moment du coucher. Il est aussi parfois propice à la créativité et à la production de nouvelles idées (→ p. 135).

Le cas particulier de la mémoire de travail et de son développement

Aujourd'hui, on parle de mémoire de travail (MdT) plutôt que de mémoire à court terme. Il s'agit toujours de cette mémoire transitoire, dont la capacité est limitée. Elle contient non seulement les données perceptives qui viennent d'y entrer, mais aussi des connaissances anciennes stockées en mémoire à long terme et qui sont réactivées à un moment donné parce qu'elles sont utiles pour effectuer une tâche particulière. Par exemple, si vous devez calculer de tête 78 x 8, il y aura en même temps conservation en mémoire transitoire des données du problème et réactivation de nos connaissances des tables de multiplication et du calcul mental, ce qui nous permettra de trouver le résultat. Le traitement en MdT résulte donc de cette interaction entre les données sensorielles actuelles et les connaissances antérieures réactivées.

La MdT est impliquée dans une large variété d'activités cognitives complexes, telles que le raisonnement, la compréhension ou encore la résolution de problèmes. C'est pourquoi sa capacité est un déterminant majeur de la réussite scolaire. De plus, son accroissement avec l'âge est l'un des facteurs essentiels du développement cognitif.

Pour mesurer le développement de la MdT, on présente à l'enfant des doubles tâches comme maintenir en mémoire une liste d'éléments en vue d'un rappel, tout en effectuant une activité concurrente telle que comprendre des phrases. Le nombre maximum d'éléments rappelés sans erreur correspond à la capacité de la MdT. Comme ce type de tâche est difficile, il n'est pas possible de les proposer aux enfants de moins de 5 ans. En moyenne, la capacité de la MdT est d'environ de 2 éléments à 6 ans, 3 éléments à 9 ans et 4 éléments à 15 ans.

En résumé, comme les tâches qui mesurent la MdT nécessitent un traitement et un maintien simultanés de l'information, elles sont plus difficiles que les tâches de mémoire à court terme (MCT). Ainsi, les capacités de la MdT sont en général inférieures de 2 items à celles de la MCT. Cependant, contrairement aux capacités de la MCT, celles de la MdT connaissent un développement régulier jusqu'à la fin de l'adolescence. En d'autres termes, le développement de la MdT est plus long et donc plus tardif que celui de la MCT. Ce décalage serait lié à la maturation plus tardive (qui se prolonge jusqu'à la fin de l'adolescence) du cortex préfrontal (→ figure 3, p. 84), qui constitue les bases cérébrales de la MdT.

CONSEILS DE LECTURE

P. Barrouillet et V. Camos, « Le développement de la mémoire de travail », *in* J. Lautrey (dir.), *Psychologie du développement et de l'éducation*, Paris, PUF, 2007, p. 51-86.

A. Lieury, *Le Livre de la mémoire*, Paris, Dunod, 2013.

D. Schacter, *La Science de la mémoire. Oublier et se souvenir*, Paris, Odile Jacob, 2003.

« Attends ! » Le contrôle de soi

Dans notre vie d'adulte, aussi bien au travail que dans la vie quotidienne, nous devons très souvent nous retenir de céder à nos envies immédiates comme lire nos messages, passer un coup de téléphone, faire des commentaires ou des achats spontanés, au profit d'objectifs plus lointains comme écouter ses collègues en réunion, investir à long terme ou encore économiser. Cette maîtrise, ou contrôle de soi, c'est-à-dire la capacité à réguler volontairement ses pensées, ses émotions et ses comportements, est indispensable pour établir des relations sociales positives et rend possible la vie en communauté. En effet, imaginez un instant un monde où chacun se laisserait aller à ses envies sans délai ! En même temps, nous pouvons aussi avoir envie de lâcher-prise et de ne plus se contrôler tout le temps. Est-ce vraiment contradictoire ? En réalité, non, car nous devons en permanence arbitrer entre ces deux exigences, laisser-aller ou contrôler, et les psychologues les étudient en les appelant respectivement les systèmes chaud et froid.

Le chaud et le froid

Le système chaud est mis en jeu automatiquement et très rapidement. C'est lui qui génère nos réactions spontanées. Il est nécessaire non seulement à notre survie (il nous permet de réagir face à un danger), mais il est également impliqué dans nos fameuses « premières impressions ». À l'inverse, le système froid est mis en jeu intentionnellement et plus lentement dans nos raisonnements logiques. Il est nécessaire pour prendre des décisions rationnelles et adaptées à la situation. Cette capacité implique des régions cérébrales qui se trouvent dans le cortex préfrontal (⟶ figure 3, p. 84). Ce dernier est aussi impliqué dans des capacités de haut niveau comme la planification, la flexibilité mentale ou la mémoire de travail. Il initie sa formation vers l'âge de 9 mois pour n'achever sa maturation qu'au début de l'âge adulte, vers 25 ans. L'enfant, comme l'adulte, dispose de ces deux systèmes, mais l'enfant apprend au cours de son développement à se contrôler, c'est-à-dire à utiliser ou à activer son système froid de manière adéquate au regard de chaque situation. En cas de danger immédiat, mieux vaut utiliser son système chaud pour fuir alors que pendant les préparatifs de Noël, il peut être utile de savoir utiliser son système froid afin de conserver de bonnes relations avec sa banque !

Comment le contrôle de soi se développe-t-il ?

La capacité à se contrôler demande une attention volontaire et consomme donc nos ressources attentionnelles, qui sont, par nature, limitées (⟶ p. 80). De plus, cette capacité peut être entraînée et développée. Lorsque le contrôle de soi dans des situations précises est acquis, il devient automatique et nécessite donc beaucoup moins de ressources, ce qui permet ainsi de les affecter à d'autres tâches. La mise en place de base de ce système froid s'élabore au cours des jeunes années, puis s'affine ensuite jusqu'à l'adolescence.

Le développement du contrôle de soi est progressif et très long. Le bébé de 6 mois, par exemple, a déjà la capacité motrice d'effectuer des actions volontaires telles que détourner son regard d'un stimulus qu'il juge désagréable ou se cacher les yeux. Il est également capable d'inhiber certains mouvements volontairement. De 8 à 10 mois, il peut faire abstraction de certaines distractions pour rester concentré sur un stimulus. Entre 9 et 11 mois, l'enfant se retient d'avoir des gestes précipités au profit d'actes plus réfléchis, comme contourner une fenêtre pour aller chercher un objet caché derrière, au lieu de vouloir l'attraper directement. Plus il grandit, plus il aura de moyens à disposition pour l'aider à se réguler.

Dès l'âge de 4-5 ans, il est capable d'attendre, de retarder une récompense, de gérer sa frustration, de comprendre que ce qu'il n'a pas tout de suite existera encore plus tard. Il modifie aussi son comportement plus rapidement, en cas de changement de règle au cours d'un jeu par exemple. À l'âge de 7 ans, un enfant peut être aussi performant qu'un adulte à contrôler son attention (c'est-à-dire à faire abstraction de stimuli pour rester concentré sur une tâche). Entre 10 et 18 ans, l'autocontrôle continue son développement, en particulier dans la gestion de plusieurs stimuli simultanés. En effet, avant 10 ans, un enfant n'arrive pas encore à gérer plusieurs informations si elles sont à la fois centrales et périphériques, par exemple sur un écran, des textes sur lesquels se concentrer, en même temps qu'un affichage publicitaire qui change en arrière-plan. À l'âge adulte, nous avons normalement acquis les us et coutumes sociales, et adaptons nos comportements de manière congruente aux normes de notre culture. Nous sommes aptes à nous retenir de commentaires inappropriés ou déplacés dans certains contextes.

Le contrôle de soi et ses effets à long terme

Si on mesure la capacité d'enfants de 5 ans à se contrôler et qu'on étudie leur devenir vingt ans plus tard, on observe un lien ou une corrélation positive : les enfants qui, à 5 ans, disposaient des capacités de contrôle de soi les plus importantes sont ceux qui réussissent le mieux à l'âge adulte. En effet, leurs parcours scolaires ont pour la plupart été couronnés de succès, leurs relations avec les autres sont globalement plus satisfaisantes, ils ont des responsabilités professionnelles plus élevées, des situations financières stables et ils présentent une meilleure santé physique et mentale. Ce développement personnel est, de plus, corrélé à un sentiment de satisfaction personnelle très élevé.

Comment accompagner son développement ?

Même s'il existe de grandes différences entre les enfants, il est possible de l'aider à développer sa capacité à se contrôler au quotidien en adoptant quelques principes éducatifs :

- **Ne pas céder à toutes ses requêtes** en verbalisant de manière bienveillante nos refus, de manière à lui apprendre très jeune la notion de limites et ainsi à gérer la frustration.

- **Exercer sa mémoire de travail** (—> p. 112) à travers différents types d'activités : sport/arts martiaux, instrument de musique et jeux de société.
- **L'aider à prendre conscience** des conséquences concrètes de ses actes.
- **Mettre en place des stratégies mentales d'anticipation situationnelle :** « Si… alors… » L'enfant se répète alors mentalement que dans un contexte précis, il doit agir systématiquement d'une certaine manière. Par exemple : « Si mon frère me propose de jouer sur la tablette quand je dois faire mes devoirs, alors je monte dans ma chambre pour travailler. » Plus l'enfant aura déjà répété la scène mentalement, moins il cédera facilement à la tentation.
- **Proposer des séances de méditation** ou lui demander de se concentrer sur une activité. La concentration a les mêmes effets positifs que la méditation sur la capacité de contrôle de soi chez les enfants. C'est pourquoi il est important d'interrompre le moins possible un enfant concentré et de lui laisser de longues plages de calme.

CONSEILS DE LECTURE

D. Kahneman, *Système 1, Système 2. Les deux vitesses de la pensée*, Paris, Flammarion, 2016.

W. Mischel, *Le Test du marshmallow. Quels sont les ressorts de la volonté ?*, Paris, JC Lattès, 2014.

zoom sur…

LE TEST DU MARSHMALLOW

Le test du marshmallow a été élaboré par le professeur Walter Mischel. Il permet d'évaluer la capacité à différer une récompense chez les enfants : ces derniers sont-ils capables d'attendre pour obtenir une plus grande récompense plutôt que céder immédiatement et obtenir une récompense plus petite ?

Pour le savoir, on place l'enfant devant un marshmallow. L'expérimentateur lui en promet un deuxième s'il se retient de le manger pendant son absence. L'expérimentateur quitte la pièce et revient 15 minutes plus tard. L'enfant peut cependant céder à la tentation à tout moment en appuyant sur une sonnette Un des prérequis au développement de cette capacité à différer l'obtention d'une récompense est le lien de confiance entre l'enfant et l'adulte. En effet, il faut que l'enfant soit certain que l'adulte tienne ses promesses. Il est donc intéressant de se souvenir combien l'enfant a besoin d'avoir confiance en l'adulte pour se construire.

Les enfants âgés de moins de 4 ans cèdent généralement au plaisir immédiat. Plus tard, vers 5-6 ans, beaucoup d'enfants ont la capacité de se contrôler et d'attendre le retour de l'expérimentateur et ainsi doubler leur récompense. Les vidéos enregistrées en l'absence de l'expérimentateur montrent que les enfants ayant un bon contrôle d'eux-mêmes sont ceux qui ont acquis des stratégies de régulation émotionnelle. Ils résistent car ils réussissent à s'en détourner de différentes façons, soit en éloignant la tentation de la sonnette, soit en se cachant les yeux, soit en imaginant que le marshmallow n'est qu'un nuage.

Obéir ? Pas si simple !

Quand on nous demande de faire quelque chose, comme de rester concentré sur une tâche, de la garder en mémoire, de planifier une action, cela ne nous pose pas de difficultés et ne nous demande presque aucun effort. Pourquoi nos enfants ne réagissent-ils pas comme nous ? Est-ce de la mauvaise volonté de leur part ? Peut-on parler de désobéissance ?

Est-ce si facile d'obéir ?

La réalité de l'enfant n'est pas celle de l'adulte. Il est rare que l'enfant fasse exprès de ne pas répondre à nos demandes – autrement dit, qu'il nous désobéisse sciemment. Bien au contraire, il est souvent de bonne volonté et coopérant. Cependant, nos requêtes sont encore souvent très abstraites pour lui et les actions requises pour atteindre l'objectif lui demandent un énorme effort. Si nous nous mettons à sa place, nous constatons qu'il doit en effet :

- **Se concentrer sur ce qu'on lui dit** et donc détourner son attention de ce qu'il est en train de faire (→ p. 80).
- **Garder en mémoire la consigne,** pour cela faire appel à sa mémoire de travail (→ p. 112) dont nous savons que le développement est long et progressif.
- **Planifier son action** et donc coordonner sa volonté et ses gestes, contrôler ses actions et ses désirs (comme la tentation de continuer à jouer) ou renoncer à une autre distraction.
- **Maîtriser ses gestes,** sans oublier le déroulement « logique » (→ p. 196) de la séquence d'actions à effectuer.

Observez votre enfant et regardez tout ce qu'il doit faire en même temps lorsque nous lui demandons quelque chose qui nous paraît trivial ! En résumé, sans en avoir conscience, nos demandes « surchargent » parfois son système cognitif et ses capacités attentionnelles.

Évidemment, au cours de son développement, l'enfant se montre progressivement capable de répondre à nos demandes de plus en plus efficacement et rapidement. Certains gestes quotidiens deviennent automatiques, comme se brosser les dents ou se laver les mains, et certains rythmes temporels s'installent, telles l'heure de dîner ou celle d'aller au lit.

Comment aider mon enfant à obéir ?

- **Segmentez vos demandes** en petits objectifs à court terme. Par exemple, plutôt que de lui demander de se préparer pour aller se coucher, ce qui implique de multiples actions, demandez-lui dans un premier temps de se déshabiller, puis proposez-lui l'action suivante, mettre son pyjama, et, enfin, demandez-lui de se brosser les dents.

Le saviez-vous ?

Le stress répété a un effet extrêmement délétère sur la formation des connexions synaptiques. Le cerveau de l'enfant est en pleine construction et sa plasticité est maximale, il est donc d'autant plus sensible aux effets négatifs du stress. De plus, le jeune enfant n'a pas encore développé les stratégies efficaces lui permettant de réguler et d'agir sur ce stress, il le subit donc entièrement. Finalement, n'importe quel être humain répond au stress par des comportements instinctifs et doit d'abord se calmer avant de pouvoir faire appel à ses fonctions cognitives supérieures, comme le raisonnement, la planification, etc. Il est par conséquent important pour l'enfant d'évoluer dans un milieu stable et serein, où les transitions de lieux, d'horaires, d'actions sont non seulement anticipées mais aussi demandées avec calme. C'est également le seul moyen pour l'enfant d'« apprendre à long terme » les gestes à faire pour devenir autonome et efficace.

- **Répétez calmement les choses** plusieurs fois à votre enfant. Rappelez-lui en cours de route ce que vous attendez de lui. Félicitez-le à chaque étape accomplie.
- **Ritualisez certaines étapes** qui se répètent quotidiennement, comme le moment du départ à l'école, le coucher, etc. L'enfant, par la répétition des actions, les accomplira de plus en plus rapidement.
- **Utilisez des supports visuels** et des moyens mnémotechniques pour encourager son autonomie. Par exemple, affichez des images ordonnées de chaque action que vous attendez de lui avant d'aller au lit : se mettre en pyjama, se brosser les dents, aller aux toilettes et se laver les mains, etc.
- **Soyez patients !** Et souvenez-vous de tout ce que ces tâches exigent de lui.
- **Pensez que ces oppositions** ou ces refus sont aussi des moyens pour votre enfant de se construire et de se différencier de vous.
- **Évitez de générer des situations de stress** pour votre enfant en criant.

CONSEIL DE LECTURE

C. Guegen, *Vivre heureux avec son enfant. Un nouveau regard sur l'éducation au quotidien grâce aux neurosciences affectives*, Paris, Robert Laffont, 2015.

Filles, garçons : quelles différences ?

La plupart des questions évoquées jusqu'à présent dans ce livre ont été abordées indépendamment du sexe de l'enfant. Ce choix témoigne de la similitude globale du fonctionnement psychologique des hommes ou des femmes de notre espèce, en particulier durant les premières années du développement. Cependant, l'observation de jeunes garçons et de jeunes filles pendant leurs moments de loisirs révèle un développement des préférences pour certains types de jeux ou de jouets spécifiques à chaque sexe.

Des préférences variables aux tendances

Une préférence ne signifie pas un choix exclusif et irrémédiable, mais seulement une tendance : les petits garçons de 5 ans peuvent jouer à la dînette ou à la poupée mais, en général, la durée consacrée à cette activité est moins importante que celle consacrée par beaucoup des petites filles du même âge.

Par ailleurs, ces préférences évoluent avec l'âge. Schématiquement, à la crèche ou à la petite école (3-5 ans), les différences de comportements sont en général assez peu marquées ; les filles ou garçons peuvent s'amuser avec des jouets similaires et avec des camarades des deux sexes. Par exemple, les invitations des enfants de la petite école pour leur anniversaire sont assez mixtes. En revanche, à partir de la grande école (vers 6 ans), les différences vont être de plus en plus marquées, et ce jusqu'à l'âge de 14-15 ans. Les préférences, en jeux ou en amitié, sont souvent spécifiques à chacun des sexes. Par exemple, les anniversaires sont généralement unisexes (à 90 ou 100 %) et les jeux pratiqués très typiques selon qu'il s'agit de filles ou de garçons.

Biologie ou culture ?

Si la plupart des chercheurs et des parents s'accordent sur le constat d'une différence d'intérêts entre les filles et les garçons, leurs explications sont sujettes à des débats très vifs et récurrents entre, d'une part, les tenants d'une influence socioculturelle essentielle et les tenants d'une influence biologique déterminante. Pour les premiers, c'est l'environnement au sens large des petites filles (parents, grands-parents, école, maîtresse, publicité, etc.) qui les conduit parfois explicitement et souvent implicitement à jouer à la poupée et à choisir des objets avec une dominante de couleur rose. Ainsi les préférences respectives des filles et des garçons seraient une conséquence de leur environnement socioculturel. Pour les seconds, c'est l'inverse : des différences biologiques intrinsèques entre les hommes et les femmes conduiraient chaque enfant, selon son sexe, à choisir tel ou tel jouet, tel ou tel jeu. Les origines de ces tendances seraient liées à l'évolution et à l'adaptation notre espèce.

Le débat est en fait loin d'être tranché. Nous allons voir qu'il s'agit d'une combinaison de facteurs biologiques et socioculturels qui contribuent à favoriser ou à réduire ces différences entre filles et garçons.

De l'origine des différences

Il existe des caractéristiques biologiques des fœtus qui diffèrent selon le sexe du bébé, dues notamment aux différences d'expression hormonale *in utero*. D'un côté, le fœtus garçon a très vite un métabolisme plus élevé et se développe donc plus rapidement, avec plus de divisions cellulaires, que le fœtus fille. Cette différence se maintient au cours de son développement : en moyenne, le petit garçon naît plus grand, plus lourd, plus tonique au niveau musculaire. D'un autre côté, le fœtus fille a des organes plus rapidement matures que son homologue masculin ; en moyenne, la petite fille présente une plus grande résistance aux maladies ou aux troubles du développement.

Au niveau comportemental, les psychologues cherchent à savoir si les bébés à la naissance ont déjà des préférences visuelles pour certains objets en fonction de leur sexe. Il existe une seule étude qui pose explicitement cette question. Ainsi, les chercheurs ont présenté à 102 nouveau-nés un vrai visage (objet social) et un mobile (objet physique mécanique) l'un après l'autre. Le mobile était construit de manière à « ressembler » en certains points au visage : même couleur, même taille, même forme, même contraste, même structure. Chaque objet a été présenté environ 1 minute. L'analyse du temps de regard sur chaque objet par rapport au temps global montre que les nouveau-nés garçons regardent plus longtemps le mobile (52 %) que le visage (46 % ; les 2 % de temps restant, ils regardent « ailleurs »), tandis que les nouveau-nés filles regardent plus longtemps le visage (49 %) que le mobile (41 % ; les 10 % de temps restant, elles regardent « ailleurs »).

Des résultats similaires sont observés chez 60 bébés de 1 an à qui les psychologues montrent deux vidéos « sociales » (sur l'une, on voit une femme et un homme en train de parler, sur l'autre un homme en train de lire un livre à son enfant) et deux vidéos « non sociales » (l'une montre une course de voitures, l'autre une voiture immobile avec une fenêtre en mouvement). Ces quatre vidéos sont présentées les unes après les autres dans un ordre aléatoire. Les résultats révèlent que les bébés garçons regardent plus longtemps les vidéos « non sociales », alors que les bébés filles préfèrent regarder les vidéos « sociales ».

Pour étudier comment cette préférence visuelle selon le sexe du bébé évolue pendant la première année, les chercheurs testent les mêmes bébés à 3 mois, à 9 mois et à 18 mois. À chaque âge, ils leur présentent des séries de paires de photos sur deux écrans d'ordinateur placés en face d'eux. À chaque jouet « typiquement féminin » (poupée, landau, poussette, etc.) est associé un jouet « typiquement masculin » (train, voiture, garage, etc.). Chaque paire est présentée quelques secondes et les chercheurs mesurent le temps de regard respectif sur chacune des photos. Les résultats montrent qu'une différence entre les sexes apparaît à partir de 9 mois seulement, révélant la préférence des garçons pour les jouets « masculins » et celle des filles pour les jouets « féminins ».

En conclusion, ces quelques études montrent que les différences ou les similitudes observées entre les sexes dépendent du choix que l'on propose aux bébés, ainsi que de leur âge. À la naissance, il semble exister une préférence visuelle différente selon le sexe entre un vrai visage et un mobile, mais pour une partie des nouveau-nés seulement. La différence est encore présente douze mois plus tard. Quant aux préférences entre les jouets dits féminins et masculins, il faut attendre 9 mois pour qu'une différence s'exprime. Toutefois, ces résultats ne permettent pas de mesurer les rôles respectifs de l'environnement du bébé et du biologique et de leur interaction.

Le saviez-vous ?

L'association du rose aux filles et du bleu aux garçons est en réalité très récente. Pendant longtemps, en Europe, les bébés et les enfants étaient vêtus de blanc, car il était facile de blanchir les vêtements tachés. Au Moyen Âge, la couleur bleue était celle de la Vierge Marie, et donc attribuée aux filles (aussi pour son aspect gracieux et élégant) et le rose (rouge délavé) aux garçons pour rappeler leur tempérament plus sanguin ! La répartition actuelle des couleurs selon le sexe provient en grande partie du marketing car elle permet à certains fabricants d'augmenter les ventes d'un même produit. Par exemple, dans une famille de deux enfants de sexe différent, les parents seront probablement conduits à acheter deux vélos car l'apparence de ces objets est très « sexuée » : si le cadet est un garçon, il refusera probablement de rouler sur le vélo rose de sa grande sœur !

Comment accompagner son développement ?

Dès son plus jeune âge, il est important que votre enfant ait à disposition tous les types de jouets. Bien évidemment, son choix et son orientation ne préfigurent en rien son orientation sexuelle future, comme le craignent parfois encore certains parents. L'enfant a besoin de jouer et, pour lui, imiter ce qu'il observe au quotidien est usuel. Le jeune enfant n'est pas conscient non plus que certains gestes sont « réservés » culturellement à un sexe, comme le port d'une couleur ou d'un vêtement particulier. Il est important de lui expliquer, avec des mots très simples, qu'il existe des usages sociaux spécifiques à chaque culture. Par exemple, en France, les garçons ne portent pas de jupes, sauf à l'occasion d'une fête ou d'un carnaval (ou s'ils doivent aller en Écosse !).

À l'âge où il construit son identité sexuelle, il est important pour l'enfant d'entendre que la nature de cette identité n'est pas un problème dans notre société occidentale, qu'elle n'est pas supérieure ou inférieure, juste différente. Il est souvent utile de discuter avec votre enfant de la question des différences et des similitudes, non seulement physiques, mais aussi psychologiques entre les sexes, mais aussi entre lui et ses camarades. Ces conversations peuvent l'aider à verbaliser et à entretenir un rapport positif non seulement à son identité sexuelle, mais aussi à l'autre sexe. Par ailleurs, pour que les paroles rejoignent les actes, il est important de l'impliquer de manière égalitaire dans les tâches quotidiennes afin de l'aider à acquérir son autonomie pour sa vie future.

CONSEIL DE LECTURE

L. Eliot, *Cerveau rose, cerveau bleu*, Paris, Robert Laffont, 2013.

zoom sur...

L'INNÉ ET L'ACQUIS

Les différences souvent observées entre les filles et les garçons sont dues à un mélange encore mal délimité scientifiquement entre l'inné et l'acquis. Au-delà des spécificités physiques, les comportements et les préférences sont souvent en grande partie la conséquence de l'environnement.

Les codes couleurs découlent d'un choix commercial et arbitraire que les enfants s'approprient souvent en grandissant, tel que le rose pour les filles et le bleu pour les garçons. En effet, sans influence extérieure, il est courant d'observer de jeunes garçons jouer à la dînette, à la poupée ou, inversement, de jeunes filles jouer aux voitures.

De même, les garçons aussi bien que les filles aident spontanément leurs pairs, quelles que soient les tâches, par exemple fermer la veste de son amie.

« Quel génie ! » L'intelligence

Nous connaissons des personnes qui sont très fortes en mathématiques, d'autres en langues, certaines dans beaucoup de domaines, d'autres dans très peu. Mais ces aptitudes proviennent-elles d'une sorte d'aptitude générale, d'une intelligence générale ou d'aptitudes spécifiques à chaque domaine ? Ces aptitudes sont-elles toutes au même niveau ou sont-elles hiérarchisées ? L'intelligence peut être considérée comme très scolaire, et elle est dans ce cas définie par les aptitudes à traiter, à manipuler et à se représenter des symboles. Elle peut aussi être définie comme une aptitude générale à s'adapter aux nouvelles situations, quel que soit le cadre. Définir l'intelligence reste difficile et suscite des débats très vifs entre les chercheurs depuis plus d'un siècle.

La conception actuelle de l'intelligence

On s'accorde actuellement sur une conception hiérarchique de l'intelligence à trois niveaux, du plus général au plus spécifique.

- **Le premier niveau** correspond à l'intelligence générale intervenant dans l'ensemble des processus cognitifs.
- **Le deuxième niveau** est celui des aptitudes larges, comme l'intelligence dite « fluide », qui désignerait l'aptitude à raisonner, à résoudre des problèmes, et l'intelligence dite « cristallisée », qui regroupe les connaissances, la mémoire à court terme ou encore la vitesse de traitement.
- **Enfin, le troisième niveau** est celui d'aptitudes plus spécifiques mises en œuvre dans des épreuves spécialisées.

L'intelligence est-elle héréditaire ?

Jusqu'aux années 1970, on a cru (à tort) que l'intelligence était héréditaire. Cette croyance provenait des pseudo-recherches conduites par un psychologue anglais, Cyril Burt, sur les vrais jumeaux (monozygotes), génétiquement identiques, mais élevés séparément à la suite d'une adoption. Il déclarait avoir trouvé 62 paires de vrais jumeaux élevés séparément et avoir mesuré un coefficient de corrélation (→ p. 43) entre les deux enfants de 0,87. En revanche, pour de vrais jumeaux élevés ensemble, ce coefficient était de 0,9, et pour de faux jumeaux élevés ensemble de 0,45. Seulement, le problème, c'est que toutes les données ont été inventées !

On sait aujourd'hui qu'il n'est pas possible et peu utile de mettre en évidence les contributions respectives de l'hérédité et de l'environnement concernant l'intelligence à partir des études sur les vrais jumeaux élevés dans des environnements différents pour de nombreuses raisons. La première est méthodologique et pratique car, comme ces individus ne sont pas nombreux dans le monde, il est impossible d'en tirer des conclusions statistiques fiables. La seconde raison est théorique, car il n'est pas possible d'estimer raisonnablement les rôles respectifs des facteurs génétiques et environnementaux sans sous-estimer le rôle des interactions ; cela reviendrait à vouloir déterminer les poids respectifs de la longueur et de la largeur pour estimer l'aire d'un rectangle !

La mesure des compétences intellectuelles générales et le QI

Le développement des compétences intellectuelles générales de l'enfant est souvent apprécié par des tests psychométriques appelés « tests d'intelligence », mesurant le quotient intellectuel (QI). À l'origine et pendant plus d'un siècle, le QI était un indice de développement qui évaluait le retard ou l'avance d'un enfant. Il était défini par le rapport entre l'âge mental (c'est-à-dire les performances d'un enfant par rapport à un groupe de référence) et l'âge réel multiplié par 100. Ainsi, selon cette formule, un enfant de 10 ans ayant 9 ans d'âge mental avait un QI de 90. Le QI standard indique simplement le rang d'un enfant dans un groupe de référence. Par définition, sa moyenne est de 100 et son écart-type de +/– 15. L'écart-type sert à mesurer la dispersion, ou l'étalement, d'un ensemble de valeurs autour de leur moyenne. Plus l'écart-type est faible, plus la population est homogène. Ainsi, 68 % de la population d'une classe d'âge obtient un score compris entre 85 et 115 (+/– 1 écart-type) et 95 % obtiennent un score entre 70 et 130 (+/–2 écarts-types). Récemment, les méthodes de calcul ont changé, mais les principes restent similaires.

Le saviez-vous ?

Le psychologue James Flynn a comparé les scores obtenus dans les tests classiques par différentes générations dans 35 pays industrialisés capables d'organiser des tests systématiques à grande échelle, par exemple à l'occasion du service militaire.

Sur la seconde moitié du XXe siècle, les résultats révèlent une augmentation de 20 points de QI environ. Les progrès sont plus importants pour les épreuves de raisonnement que pour les épreuves de connaissances verbales ou mathématiques. Par exemple, les jeunes au service militaire en France progressent de 25 points avec les épreuves de raisonnement entre 1949 et 1979 et de 9 points environ pour les épreuves de connaissances. Contrairement à certains discours ambiants, le niveau d'intelligence ne baisse pas vraiment chez les jeunes ! Plusieurs facteurs expliquent cette augmentation, observée surtout chez les personnes ayant un faible score : l'amélioration des conditions de vie (soins, alimentation, etc.), l'allongement et la généralisation de la scolarisation, l'investissement parental dans l'éducation, ou encore l'accès à de nouvelles technologies qui stimulent des compétences testées, comme les transformations visuo-spatiales ou les rotations mentales.

Le QI est pour l'instant stable depuis le début des années 2000, même si certaines études commencent à observer des baisses dans certains pays de quelques points. Ces baisses pourraient s'expliquer par plusieurs facteurs comme la pollution environnementale ou l'utilisation abusive des écrans.

Les psychologues n'utilisent plus un seul score d'un QI global et unique mais ils calculent plutôt plusieurs indices afin de mieux préciser les différentes dimensions du fonctionnement intellectuel des enfants. Par exemple, dans le test WISC-IV destiné aux enfants âgés de 6 à 16 ans, les psychologues évaluent un score pour chacun des quatre indices suivants : compréhension verbale, raisonnement perceptif, vitesse de traitement et mémoire de travail. Il existe plusieurs tests édités, mais les psychologues utilisent principalement les échelles dites de Weschsler (le WPPSI pour les enfants entre 2 et 6 ans ; le WISC pour les enfants entre 6 et 16 ans et la WAIS pour les adultes), le Raven, le K-ABC ou le Stanford-Binet.

Ces tests sont parfois très critiqués, d'une part, pour leur utilisation abusive (notamment celui du QI global et unique) et, d'autre part, pour sa focalisation sur les compétences logico-mathématiques et verbales et la non-prise en compte de certaines dimensions, comme les compétences relationnelles, kinesthésiques ou encore la créativité. Des chercheurs proposent même le concept d'« intelligences multiples », mais sa validation scientifique fait encore l'objet de débats.

CONSEILS DE LECTURE

B. Demeneix, *Le Cerveau endommagé. Comment la pollution altère notre intelligence et notre santé mentale*, Paris, Odile Jacob, 2016.

H. Gardner, *Les Formes de l'intelligence*, Paris, Odile Jacob, 2006.

K. Suzuki et J. Vauclair, *De quelques mythes en psychologie*, Paris, Seuil, 2016.

La créativité

La créativité de nos enfants s'observe par certaines de leurs productions, comme les dessins et les écrits, par leurs réflexions ou encore par leur sens de l'humour. Ces créations sont le produit de différentes compétences (sensori-motrices, cognitives, émotionnelles) qui s'expriment dans un contexte culturel et historique. Il existe des différences de potentiel créatif entre les enfants, notamment selon leur âge. Les domaines d'expression de la créativité sont multiples. Aussi la créativité est-elle souvent associée à la capacité à faire des liens entre les connaissances acquises et la capacité à changer sa manière de penser, c'est-à-dire à faire preuve de flexibilité mentale. Par exemple, la manière dont un enfant fait face à une situation inattendue, résout des problèmes mathématiques ou s'amuse avec le langage, sont autant d'expression de sa créativité. Dans tous les cas, il s'agit d'une compétence essentielle qui participe au bien-être personnel et professionnel une fois adulte.

Comment la créativité se développe-t-elle ?

Pour évaluer le développement de la créativité, les compétences (verbales et artistiques) divergentes (créer autant d'éléments nouveaux à partir d'un seul) et convergentes (assembler différents éléments en une création) sont mesurées à l'aide de tests standardisés, développés par les psychologues et proposés à des adultes et des enfants de différents âges.

La créativité ne se développe pas de manière linéaire, mais en « dents de scie » : il y a des périodes de transition où l'enfant est moins créatif.

- **Autour de 6 ans,** l'enfant modifie sa vision du monde et cela impacte sa créativité. En effet, il devient de moins en moins égocentré, ce qui lui permet de s'ouvrir sur le monde extérieur et donc aussi sur « ce que font les autres ». Il a tendance à imiter, plus qu'à innover. L'enfant est aussi confronté à des apprentissages scolaires très normés comme la lecture, l'écriture et le calcul, qui occupent toutes ses ressources attentionnelles et son temps, réduisant ainsi son potentiel créatif.
- **À l'âge de 9-10 ans,** l'enfant, qui jusqu'ici créait en associant des idées de manière aléatoire et symbolique, commence à élaborer des stratégies de recherche systématique, en même temps qu'il met en place son raisonnement logique. Cette convergence de compétences ralentit ses performances, jusqu'à ce que ces dernières soient devenues efficaces.
- **Vers 13 ans,** l'adolescent vit de grandes transformations tant physiques que psychiques. Il devient très important pour lui, à ce moment-là de sa vie, de se conformer aux normes sociales (→ p. 52), afin de ne pas se faire exclure du groupe de pairs. Cette baisse d'individualité affecte sa créativité.

Qu'est-ce qui influence la créativité ?

Les environnements familial (structure, place dans la fratrie, autorité, etc.) et scolaire ont un impact significatif sur le développement de la créativité. En effet, une structure trop rigide n'encouragera pas la flexibilité mentale de l'enfant, ni sa créativité donc. Cependant, une trop grande liberté et l'absence de règles aura le même effet négatif : l'enfant qui évolue sans repères ne disposera pas de la sécurité nécessaire pour s'autoriser à exprimer son potentiel créatif. Le terreau le plus favorable se trouve donc dans un environnement qui fournit à l'enfant un cadre dans lequel il se sente libre d'exprimer toute sa créativité.

Comment accompagner mon enfant dans son développement créatif ?

- **Encouragez sa réflexion et son individualité ;** le laisser faire des choix à la mesure de ses capacités, le laisser prendre des décisions, discuter des options possibles, des points de vue différents et des situations nouvelles, raisonner à voix haute avec lui, lui poser des questions sur les phénomènes observés.

Le saviez-vous ?

Différentes études ont montré qu'au-delà de 60 minutes quotidiennes devant un écran, l'enfant devient beaucoup moins créatif ! En effet, il aura tendance à produire des dessins « normés » et souvent copiés !

Ces dessins illustrent le résultat d'une étude menée chez des enfants du même âge :
(a) dessins produits par des enfants regardant la télévision jusqu'à 60 minutes par jour ; (b) dessins faits par des enfants regardant au moins 180 minutes de télévision par jour.

- **Favorisez son autonomie et laissez-le s'ennuyer ;** c'est dans ces moments-là que non seulement le cerveau va créer des liens entre les nouvelles acquisitions, mais également mettre en place des pensées innovantes. Proposer des jeux libres, des périodes où il doit s'occuper seul et des jeux sans finalité explicite (pâte à modeler, bâtonnets en bois, etc.), et ce, dès le plus jeune âge. Aussi, ne cherchez pas à pallier ses frustrations, ce serait un grand frein à ses propres ressources, et donc à sa créativité !

- **Réagissez vous-même avec ouverture d'esprit et humour** lors de situations difficiles, afin de lui transmettre l'idée qu'il existe toujours des solutions face à l'adversité. Cela l'aidera à développer sa souplesse d'esprit, c'est-à-dire sa flexibilité mentale.

CONSEILS DE LECTURE

M. Besançon et T. Lubart, *La Créativité de l'enfant : évaluation et développement*, Bruxelles, Mardaga, 2015.

M. Desmurgets, *TV-lobotomie*, Paris, Max Milo, 2011.

zoom sur...

LA CRÉATIVITÉ

Chaque enfant possède un potentiel créatif, et ce, dans différents domaines. Ce potentiel, qu'il exprime dès son jeune âge, passe par le langage, le bricolage, le dessin, la musique, le mouvement, etc. Ses productions vont évoluer au fur et à mesure qu'il grandit.

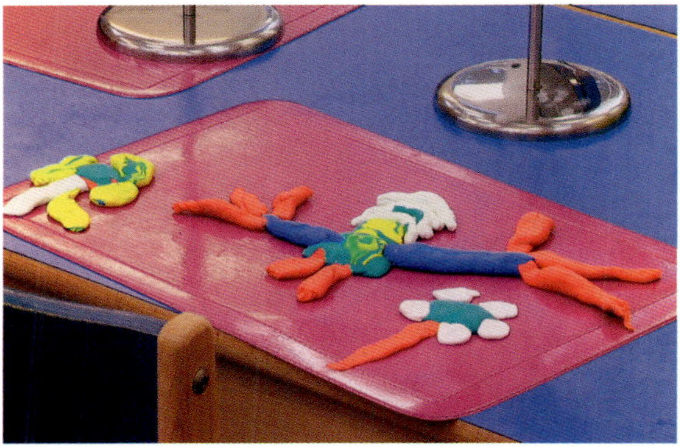

Les apprentissages

Le besoin d'apprendre

Notre besoin d'apprendre est constant, et ce, dès notre venue au monde. Il s'agit d'un instinct, propre à tous les êtres vivants, nécessaire pour s'adapter à chaque instant à notre environnement qui est en perpétuelle évolution.

Que se passe-t-il dans notre cerveau quand on apprend ?

Nos apprentissages entraînent des modifications neuronales fonctionnelles (des synapses renforcées) ou anatomiques (de nouvelles connexions synaptiques) qui peuvent être observées grâce aux techniques modernes d'imagerie cérébrale. En d'autres termes, nos comportements répétés sculptent en permanence notre cerveau. Il existe donc une signature cérébrale de tout nouvel apprentissage.

Prenons l'apprentissage de la lecture (—> p. 165). Adultes, nous ne pouvons pas nous empêcher de lire les mots d'une phrase que nous avons sous les yeux – c'est ce que vous faites en ce moment même ! Le développement de cette capacité a nécessité des heures d'entraînement. Au niveau cérébral, nous avons même progressivement recyclé une petite zone dans l'hémisphère gauche à cet effet, autrefois dédiée à traiter les visages ou les objets, qui s'active quand nous lisons. Chez les adultes illettrés ou chez les jeunes enfants, cette zone n'est pas (encore) dédiée à cette tâche (—> figure 8, ci-contre).

Les effets cérébraux de la répétition

Au début d'un apprentissage, un neurone développe une liaison avec d'autres neurones. Plus nous répétons une action, plus les neurones se parlent et renforcent cette liaison. Quand l'apprentissage est réussi, l'échange entre les

Fig. 8. Comment l'apprentissage de la lecture modifie notre cerveau

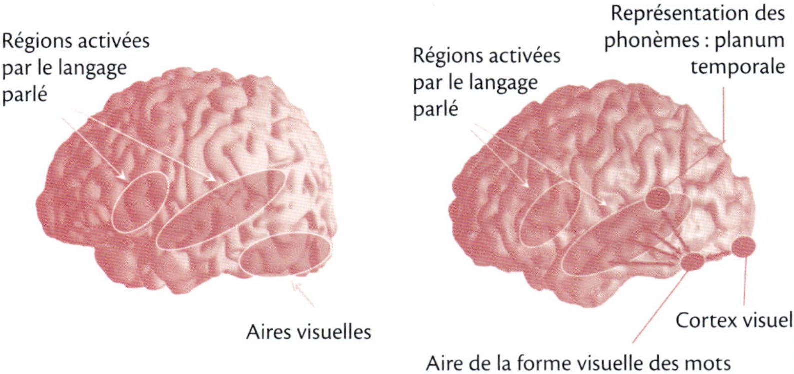

(a) Chez les bébés.

Bien avant d'apprendre à lire, le cerveau du bébé est déjà fortement organisé : les aires du langage parlé fonctionnent dès les premiers mois de vie, tout comme les aires visuelles. Avec l'apprentissage de la lecture, une partie d'entre elles va se spécialiser pour la reconnaissance des graphèmes et des phonèmes.

(b) Chez les adultes alphabétisés ou illettrés.

Le cerveau d'une personne alphabétisée diffère de celui d'un illettré en plusieurs points : le cortex visuel est plus précis ; la région de la « boîte aux lettres » s'est spécialisée dans la reconnaissance des lettres et des mots écrits et les envoie vers les aires du langage parlé ; la région du planum temporale représente plus finement les phonèmes pertinents.

Tiré de S. Dehaene (dir.), *Apprendre à lire. Des sciences cognitives à la salle de classe*, Paris, Odile Jacob, 2011.

deux neurones devient instantané. S'il échoue, le lien s'atténue et le savoir aussi. À la naissance, seules 10 % des connexions neuronales sont établies. Jusqu'à l'âge de 6 ans environ, les connexions neuronales prolifèrent au rythme

> **Le saviez-vous ?**
>
> **La création de nouvelles connexions cérébrales ne s'arrête pas à l'adolescence. Le cerveau continue de se développer tout au long de la vie, en fonction des expériences qui le conduisent à s'adapter. C'est ce qu'on appelle la plasticité cérébrale.**

incroyable de 7 000 à 10 000 par seconde ! Ce que l'enfant vit à travers ses sens et à travers ses expériences contribue à sélectionner et à renforcer des « chemins possibles » dans son cerveau. Imaginez donc le réseau que cela représente !

À l'âge de 3 ans, on pense que le cerveau d'un enfant contient deux fois plus de connexions que celui d'un adulte, c'est-à-dire beaucoup plus de « chemins » possibles sur lesquels se perdre ! Puis, à partir de 5-6 ans, l'enfant va consolider certaines connexions, certains « chemins », au moment où se construisent ses capacités d'abstraction. Ces « chemins » ou connexions vont petit à petit se transformer en « routes » qui seront plus praticables. Elles seront donc plus utilisées que les petits sentiers, qui eux finiront par disparaître *via* un processus naturel d'élagage. Les routes souvent pratiquées deviendront des autoroutes. Il ne se perdra plus en chemin et nous n'aurons plus à répéter plusieurs fois les mêmes choses (→ p. 153) !

L'habituation, une forme d'apprentissage utilisée pour étudier les compétences des bébés

L'étude des compétences perceptives et cognitives des bébés est difficile, car il n'est pas possible d'utiliser le langage et nous ne pouvons pas leur donner de consignes. De plus, la gamme de comportements d'un bébé est limitée. Nous pouvons toutefois nous appuyer sur ce que le bébé sait faire à la naissance : sucer, regarder, écouter, sentir et toucher. Ainsi, les chercheurs vont proposer la méthode d'habituation et de réaction à la nouveauté qui consiste donc à présenter plusieurs fois de suite le même stimulus au bébé jusqu'à ce qu'il s'y habitue, c'est-à-dire qu'il s'y intéresse de moins en moins. Le chercheur met fin à la phase d'habituation quand le bébé a atteint un certain critère – par exemple, après une diminution de 50 % de la moyenne des temps de regard. Lorsque le critère d'habituation est atteint, on passe alors à la phase de test qui consiste à présenter un nouveau stimulus. Si on constate que l'attention – qui se traduit ici par le temps de regard du bébé – augmente, on peut en conclure qu'il réagit à la nouveauté et qu'il a donc discriminé le stimulus nouveau du stimulus familier. En d'autres termes, cela va nous renseigner sur la capacité du bébé à comparer et à différencier un stimulus appris d'un nouveau stimulus ; on parle alors de discrimination. Pour savoir si cette augmentation du temps de regard est due au hasard ou s'il y a une véritable réaction à la nouveauté, les psychologues proposent à un autre groupe de bébés, un groupe dit contrôle, la même phase d'habituation qu'au groupe expérimental, mais avec des essais supplémentaires. On observe ensuite s'il y a une différence entre le groupe expérimental et le groupe contrôle dans les essais supplémentaires d'habituation. Si c'est le cas, il y a bien réaction à la nouveauté dans le groupe expérimental.

La deuxième solution consiste à présenter dans la phase test les stimuli « familier » et « nouveau » en alternance. On compare alors les temps de regard pour ces deux stimuli.

En conclusion, cette méthode montre que les bébés ont une mémoire (→ p. 109). S'ils n'en avaient pas, ils ne s'habitueraient pas. Ils se fatigueraient et cesseraient alors au bout d'un certain temps de s'intéresser au stimulus présenté. Cependant, ce n'est pas de fatigue dont il s'agit, sinon ils ne s'intéresseraient pas au nouveau stimulus. En d'autres termes, les bébés sont des consommateurs de nouveauté. Tout se passe en effet comme s'ils aimaient bien comparer ce qu'ils connaissent déjà à ce qu'ils ne connaissent pas encore. Les connaissances nouvelles s'organisent par rapport aux connaissances anciennes et la mémoire joue donc un rôle considérable dans cette boulimie de nouveauté et cette mise en place de connaissances nouvelles.

CONSEILS DE LECTURE

J.-P. Changeux, *L'Homme neuronal*, Paris, Fayard, 1983.

F. Lejeune et É. Gentaz, *L'Enfant prématuré. Développement neurocognitif et affectif*, Paris, Odile Jacob, 2015.

Les différentes formes d'apprentissage

Nous pensons, à tort, qu'il n'existe qu'une seule forme d'apprentissage, celle qui passe par l'instruction et la médiation, représentée schématiquement par un adulte qui sait – le parent, l'éducateur, l'enseignant ou l'animateur – et qui doit transmettre des connaissances (savoirs, savoir-faire et savoir-être) à l'enfant en l'aidant ou en le guidant pour les acquérir et se les approprier. Cet apprentissage est très long et spécifique à notre espèce. Avec cette forme d'apprentissage explicite, l'adulte a un rôle primordial et le langage, oral comme écrit, joue un rôle essentiel. Cette conception du rôle prépondérant de cette forme d'apprentissage par instruction et médiation est fausse car trop partielle. En réalité, il existe trois autres formes d'apprentissage qui n'impliquent pas forcément le langage, présentes dès la naissance et disponibles tout au long de la vie.

L'habituation

La première forme est l'habituation. Notre attention est attirée et nous sommes en éveil dès que quelque chose de nouveau, comme un bruit, une odeur ou un visage, apparaît dans notre environnement. Si cette stimulation est renouvelée, elle attire de moins en moins notre attention et nous continuons à faire ce que nous étions en train de faire : nous nous y habituons. Cette forme d'apprentissage est très utile dans notre vie quotidienne, car elle nous permet de ne pas réagir aux stimulations fréquentes et ainsi de nous concentrer sur ce que nous sommes en train de faire. Par exemple, quand nous nous rendons pour la première fois à l'école de notre enfant, chacun observe attentivement tout ce qui lui est nouveau : la salle, son mobilier, les autres adultes, etc. En d'autres termes, toute notre attention est concentrée sur ce nouvel environnement et nous avons des difficultés à être attentifs aux consignes de la maîtresse. Nous avons besoin d'entendre plusieurs fois ces informations pour les assimiler. Nos sens doivent d'abord s'habituer à ce nouvel environnement afin que notre attention soit de nouveau disponible à ce qui se dit.

Cet apprentissage par habituation – commun à tous les animaux – fonctionne avec nos sens. Par exemple, nous nous habituons rapidement à une odeur dans une pièce et il suffit d'en sortir et d'y entrer de nouveau pour s'en apercevoir. C'est une forme d'apprentissage qui existe dès la naissance. Ce principe simple et universel de désintérêt progressif pour un stimulus familier et de regain d'attention pour un stimulus nouveau est utilisé pour étudier les capacités perceptives et cognitives précoces des bébés (→ p. 144).

L'association

Autre forme, l'apprentissage par association s'appuie sur un deuxième principe simple et universel : notre capacité à associer deux stimuli ou événements indépendants qui se répètent souvent de façon concomitante. Cette capacité est présente dès la naissance et nous l'utilisons tout au long de notre vie. Ainsi, pour lire des mots nouveaux, nous devons apprendre à associer un stimulus visuel – une lettre ou un graphème – au stimulus auditif correspondant – le son ou le phonème. Cette association, nécessaire pour l'apprentissage de la lecture dans notre langue, est arbitraire, et elle a souvent besoin de nombreuses répétitions (faites d'essais et d'erreurs) et de quelques années avant d'être acquise par le jeune enfant et utilisée automatiquement, sans effort.

Cet apprentissage par association est aussi ce qu'on appelle le conditionnement. Ce phénomène est présent à tout instant de la vie quotidienne : par exemple, faire un sourire à votre bébé chaque fois qu'il en fait un ou plus généralement chaque fois qu'il fait quelque chose d'agréable, venir le voir chaque fois qu'il crie ou récompenser votre enfant chaque fois qu'il obtient une bonne note. L'association de ces comportements constitue des conditionnements. Il en existe deux formes, l'une « passive », l'autre « active ». Dans un conditionnement passif, chaque fois que le bébé fait un geste spécifique, comme tourner sa tête vers une image, nous le récompensons par une stimulation agréable en lui faisant « coucou », par exemple. Cette situation apparemment simple exige en réalité que le bébé établisse un rapport temporel entre les divers événements qui se succèdent : rotation de la tête, possibilité de voir l'image un moment, « coucou ». Si, à un moment quelconque, son attention se relâche, le cycle est interrompu. Dans le conditionnement actif, l'enfant apprend à produire la bonne action. Il analyse la situation et, après plusieurs essais et erreurs, il s'aperçoit que, s'il appuie sur le bon bouton, il obtient une récompense. Dans ce cas, le conditionnement est aussi le témoin d'une capacité à comprendre les relations de causalité.

L'imitation

La troisième forme d'apprentissage est l'apprentissage par imitation. Elle s'appuie sur un troisième principe simple et universel, qui est notre capacité à percevoir un stimulus modèle, comme un geste ou un son, et à le reproduire immédiatement ou après un délai. Cette capacité n'est pas triviale car elle requiert de coder le modèle sous un format visuel ou auditif, de le maintenir en mémoire si la réponse est différée, et d'établir une correspondance avec les reproductions (codées sous une forme sensori-motrice).

Cette capacité d'apprentissage est utile dans la vie de tous les jours : elle permet aux enfants de voir leur enseignant tracer une lettre au tableau et de reproduire le même geste sur leur cahier ; elle permet de voir son moniteur de tennis frapper une balle avec sa raquette et d'essayer de faire pareil ; elle permet à l'apprenti de voir son maître d'atelier sculpter une pièce de bois et d'appliquer la même technique, etc. Les exemples sont légion, dans tous les domaines. Ces imitations sont essentielles pour acquérir des savoir-faire et transmettre des gestes techniques.

Le bébé peut imiter différentes choses : reproduire avec sa voix ce qu'il entend, refaire des gestes qu'il voit faire et imiter des expressions faciales qu'il observe. Dans une expérience célèbre, un adulte se place devant le bébé, de sorte que celui-ci voie bien son visage. Dans un premier temps, son visage est passif, sa bouche est fermée et son expression neutre, puis il présente au bébé un des modèles suivants : il avance les lèvres, il ouvre la bouche, il tire la langue, il ouvre et ferme sa main. Après quelques secondes, l'adulte reprend un visage neutre et on enregistre ce que fait le bébé. Les résultats montrent que les nouveau-nés imitent l'adulte. Si celui-ci a tiré la langue, les bébés ont eu tendance à la tirer à leur tour. Le nouveau-né est donc capable d'imiter à la fois des gestes qu'il se voit faire comme les mouvements des doigts, et des gestes qu'il ne se voit pas faire, comme tirer la langue.

L'imitation suppose que le bébé soit capable de se représenter son propre corps, y compris les parties qu'il ne voit pas comme le visage. Elle suppose également la capacité à établir une correspondance entre les parties observées du corps de l'adulte et les parties homologues de son propre corps. Ces capacités imitatives précoces témoigneraient d'une certaine connaissance de soi (⟶ p. 60).

Le saviez-vous ?

Les recherches conduites sur l'imitation apportent également des informations précieuses sur les neurones miroirs. Les neurones miroirs sont des neurones qui sont actifs aussi bien lorsqu'on fait un geste que lorsqu'on observe quelqu'un le faire. L'imitation, en général, a une fonction non seulement d'apprentissage, mais aussi de communication et de socialisation évidente. Chez le bébé, il y aurait une intention sous-jacente. Les bébés imiteraient dans le but de connaître et de communiquer avec autrui à un âge où ses moyens de communication sont peu développés. Cette capacité d'imitation est largement utilisée par les jeunes enfants pour communiquer entre eux et reproduire des comportements prosociaux ou agressifs (⟶ p. 71).

Cependant, le mouvement de l'adulte qui sert de modèle est essentiel au déclenchement de la réponse. Le modèle en mouvement peut être imité, ce qui n'est pas le cas des positions statiques. Si l'adulte ouvre simplement la bouche, le bébé ne l'imitera pas ; alors que si l'adulte ouvre et ferme la bouche devant le bébé, celui-ci l'imitera probablement.

La capacité d'imitation diminue ensuite vers 3 mois (les bébés ont alors plus tendance à sourire qu'à imiter) et émerge de nouveau à partir de 8-9 mois sous une autre forme, beaucoup plus volontaire et contrôlée, et dans un contexte d'interaction sociale. Les chercheurs parlent aussi d'imitation différée, c'est-à-dire avec un certain délai entre l'observation du modèle et sa reproduction. Les imitations de postures corporelles, et leur utilisation dans les situations d'interaction, vont commencer à émerger. L'enfant, à 14 mois, comprend alors l'intentionnalité du modèle : il reproduit le but et non l'action ratée, par exemple transporter le verre d'eau à la cuisine, même si ce dernier est tombé en cours de route. À 16-20 mois, il accepte d'imiter des actions qui utilisent des objets inappropriés comme faire semblant de boire dans une botte. Ces dernières imitations nécessitent l'accès aux capacités de plus haut niveau comme la planification de l'action ou l'inhibition d'une action, la représentation du but et la mémoire de travail (→ p. 112).

Comment accompagner ses apprentissages ?

Nos enfants ont à leur disposition quatre formes d'apprentissage. Ils peuvent apprendre en intégrant les instructions d'un adulte, en s'habituant à un nouvel environnement, en associant des stimuli et en imitant des comportements. L'utilisation respective de ces quatre formes déterminées conjointement par la personnalité de l'enfant (→ p. 17) et les méthodes pédagogiques proposées par les adultes forment différents profils d'apprentissage spécifiques. Il est important de varier les supports d'apprentissage et de se souvenir que l'enfant a un potentiel d'apprentissage autonome et non verbal très grand. Il n'est pas nécessaire de tout lui enseigner. Il suffit, la plupart du temps, de lui montrer l'exemple !

CONSEILS DE LECTURE

É. Gentaz (dir.), « Apprendre… oui, mais comment ? Des laboratoires à la salle de classe », *ANAE*, n° 123, vol. 25, t. II, 2013, p. 101-232.

É. Gentaz et P. Dessus (dir.), *Comprendre les apprentissages. Sciences cognitives et éducation*, Paris, Dunod, 2004.

zoom sur ...

L'IMITATION

L'enfant est un apprenant qui ne s'arrête jamais ; il s'approprie sa culture et son environnement en permanence. Un de ses outils précieux est l'imitation. En effet, il va spontanément imiter l'adulte ou ses pairs. La comparaison de ses productions avec les modèles peut instaurer une émulation et l'inciter à affiner ses imitations. C'est pourquoi l'enfant aime tant les comptines et leurs gestuelles, les jeux de mime, etc.

Grâce aux comptines et aux chansons mimées, l'enfant prend conscience de son corps et entraîne ses gestes en miroir – ce qui est très complexe –, ainsi que sa mémoire des gestes.

Les enfants imitent spontanément les adultes qu'ils observent constamment, tout comme ils aiment imiter leurs pairs.

« Encore ! » Le besoin de répétition

Les enfants demandent souvent avec insistance qu'on leur relise les mêmes histoires, que l'on chante encore et encore les mêmes chansons ; ils veulent souvent jouer aux mêmes jeux et toujours porter les mêmes vêtements. Pour quelles raisons ?

Répéter pour automatiser

Les enfants aiment spontanément ce qui est bon pour leur développement ; en cela, ils répondent inconsciemment à des besoins internes. Le besoin de répétition est un mécanisme d'appropriation : c'est en faisant et en faisant encore les mêmes gestes ou en entendant plusieurs fois les mêmes choses que le cerveau peut transformer un nouveau stimulus en automatisme. De même, pour nous, adultes, acquérir une nouvelle compétence demande beaucoup d'effort et de répétition, avant que cela ne devienne automatique. C'est ainsi que, lorsque nous apprenons à conduire, il nous est impossible de discuter avec le passager tant nous sommes concentrés sur tous les éléments à maîtriser. Après un certain nombre d'heures de conduite, nous sommes aptes à gérer deux choses à la fois : conduire et parler. Les apprentissages chez les enfants se font de la même manière, et l'enfant éprouve une grande joie dans la répétition choisie ; c'est ainsi que son cerveau peut se construire aussi vite !

Les bénéfices cognitifs et socio-émotionnels

La répétition joue deux grands rôles bénéfiques dans le développement psychologique de l'enfant. Le premier est cognitif. Lorsqu'une information n'est présentée qu'une seule fois, elle n'a souvent pas le temps d'être traitée correctement et complètement, et c'est grâce à la répétition que l'enfant pourra l'analyser et mieux la comprendre. Chaque répétition est une occasion unique de découvrir un nouvel élément et d'approfondir une connaissance. Par exemple, chaque fois que nous lui lisons la même histoire, l'enfant en saisit un détail supplémentaire. La répétition consolidera sa mémoire et aidera l'enfant à passer d'un rôle passif d'observateur à un rôle actif d'acteur. En effet, il finira par acquérir une maîtrise totale de ce nouvel élément.

La répétition a aussi un rôle socio-émotionnel important. Par exemple, l'enfant, une fois qu'il aura acquis un nouveau savoir (ou un savoir-faire) grâce à la répétition, éprouvera de la fierté à être capable de raconter l'histoire lui-même, de se souvenir des paroles de chansons ou encore de lacer seul ses souliers. C'est dans un contexte connu et dépourvu du stress lié à l'inconnu que l'enfant pourra pleinement apprendre, comprendre et assimiler toutes les informations.

Enfin, c'est grâce à la répétition qu'il apprend à anticiper et à réguler ses émotions. Il anticipe ainsi sa peur et développe des stratégies pour la surmonter, ou, à l'inverse, pour se réjouir d'un moment drôle et se préparer intérieurement à éprouver de la joie. Ces mécanismes une fois acquis seront utilisés dans d'autres contextes de manière automatique.

La fin de la répétition

Qu'il laisse tomber un objet depuis sa chaise haute lorsqu'il est bébé, qu'il touche tous les boutons, qu'il veuille manger les mêmes aliments, porter un habit fétiche, lire un livre tellement feuilleté qu'il tombe en ruine, etc., lorsque votre enfant en aura retiré ce qui était bon pour lui, il passera à autre chose. En effet, lorsqu'il aura acquis une nouvelle compétence ou fait le tour du stimulus, son intérêt évoluera ou se portera sur autre chose très spontanément.

Si l'enfant a la liberté de suivre ses besoins, ses intérêts évolueront et sa motivation à découvrir et à explorer son environnement restera intacte. Il s'appropriera ainsi les nouveautés une à une, consolidant les acquis nécessaires à son développement.

Comment accompagner son développement ?

• **L'enfant répond à un besoin spontané de répétition** et réitérera une action jusqu'à la maîtriser seul. Lorsqu'il aura fait le tour de tous les éléments qui lui étaient bénéfiques, il perdra spontanément son intérêt pour cette action ; il y aura eu habituation. Soyez donc patients, et laissez votre enfant libre de répéter autant de fois qu'il lui est nécessaire ses actions. Ce temps varie en fonction des individus et des stimuli, et correspond au besoin propre de chaque enfant – évitez de le comparer aux autres !

• **Si votre enfant a tendance à retourner vers les mêmes choses** alors qu'il les maîtrise, c'est peut-être pour se sentir rassuré. Cependant, s'il le fait trop fréquemment, il est utile de l'accompagner à explorer quelque chose d'autre ; une nouvelle stimulation présentée de manière rassurante l'aidera à progresser.

• **Laissez votre enfant jouer librement,** car c'est dans ces moments-là qu'il explore et répète spontanément des actions.

• **Ayez de nombreux livres à disposition,** car cela est bénéfique au développement du vocabulaire et à l'acquisition de la lecture. Il est tout aussi important de laisser le choix de l'histoire lue à l'enfant et d'accepter de raconter plusieurs fois la même. En effet, les nouveaux mots s'acquièrent mieux quand ils sont présentés au sein d'une histoire qui est relue de nombreuses fois ! N'hésitez pas, après un certain nombre de répétitions, à y ajouter de petites nouveautés qui créeront la surprise afin de capter l'attention de votre enfant et de mettre à contribution ses acquis : « manger » un mot et lui demander lequel, faire une erreur et lui demander de vous corriger, ou encore changer d'intonation.

CONSEIL DE LECTURE

M. Montessori, *L'Esprit absorbant de l'enfant*, Paris, Desclée de Brouwer, 2003.

Comment le langage vient aux enfants

Parler est une fonction que nous utilisons en permanence, bien souvent sans y prêter attention, mais avec une grande expertise. Cette capacité a pris des millions d'années pour aboutir à sa forme actuelle. Chez le jeune enfant, le développement du langage oral représente une lente, complexe et coûteuse conquête qui conjugue développement cérébral, cognitif, social et, bien entendu, émotionnel. Et les adultes y participent de manière permanente, bien souvent sans le savoir !

Le langage oral est-il prédéterminé génétiquement ?

Il est largement admis aujourd'hui que les bébés viennent au monde avec des dispositions préverbales précoces leur permettant de se montrer, très tôt, sensibles aux caractéristiques du langage oral humain. En effet, les fœtus réagissent aux fréquences de la voix de leur mère et de leur père, et même à la prosodie de leur langue maternelle !

De là à dire que le développement langagier de l'enfant est déterminé génétiquement, il y a des précautions à prendre. Certes, le langage humain et ses substrats cérébraux se sont, au cours des millions d'années du développement de l'espèce, lentement implémentés génétiquement. Mais, pour accompagner l'expression de ces programmes génétiques et la maturation des zones cérébrales qui lui sont dédiées, il faut avant tout un environnement humain suffisamment riche en stimulations, en interactions et en échanges verbaux. On pourrait résumer ce principe en une formule : un enfant qui apprend tout seul à parler, ça n'existe pas !

La période prélinguistique et l'imitation

Immergé dans le bain du langage humain dès sa naissance, le bébé fait preuve, dès les premières semaines de vie, de remarquables capacités à discriminer des sons et des voix. Il est capable de reconnaître sa langue maternelle ainsi que les voix familières et peut même imiter des sons produits par l'adulte.

Dès 2 mois, il babille de manière rudimentaire en imitant, de mieux en mieux, la prosodie et les intonations des adultes qui communiquent autour de lui et avec lui. Ces précieuses capacités d'imitation fonctionnent, pour le bébé, comme un miroir, lui permettant de progresser et, par l'effet des tours de parole réciproques, d'apprendre, bien avant de parler, l'importance de l'alternance dans la prise de parole, qui constitue la base des échanges langagiers.

Pendant la première année, le bébé apprend à percevoir les phonèmes de la ou des langues de son entourage. Les phonèmes sont des unités sonores élémentaires permettant de différencier, dans une langue donnée, deux mots. Ainsi /b/ et /v/ sont des phonèmes en français, permettant de distinguer « bol » de « vol », mais pas en espagnol. À l'inverse, le /r/ simple et le double /rr/ (ou /r/ roulé) sont des phonèmes en espagnol, permettant de distinguer *pero* de *perro* (« mais » et « chien »), mais pas en français. Cette capacité est très importante pour le jeune enfant dans sa préparation à l'apprentissage de la lecture (—> p. 165).

De plus, au cours de cette première année, le répertoire des phonèmes perçus va se restreindre à ceux utilisés dans la langue maternelle des enfants. À la naissance, le bébé est capable d'entendre les sons de toutes les langues du monde, mais il écoute surtout la prosodie, c'est-à-dire la mélodie des phrases. Vers 6 mois, il devient particulièrement sensible aux voyelles de sa langue maternelle. Quelques mois plus tard, ce sont les consonnes qui sont stabilisées ; c'est à ce moment que les Japonais cessent d'entendre clairement la différence entre les sons /r/ et /l/. À cet âge, l'enfant commence également à assimiler les règles phonologiques qui gouvernent notre langue et qui permettent de combiner les phonèmes pour former des mots. Un enfant de 2 ans sait déjà que certaines séquences de phonèmes comme /jd/ ou /prch/ ne sont pas utilisées en français.

En résumé, au cours de la première année de vie, le bébé passe ainsi du stade de linguiste universel à celui d'expert d'une langue particulière, celle de son environnement familial. Apprendre, c'est donc aussi perdre des informations non utilisées.

Le saviez-vous ?

Parmi les cas célèbres d'enfants sauvages que les médecins, éducateurs et philosophes ont étudiés, celui de Marie-Angélique Leblanc passe bien souvent inaperçu au profit d'autres histoires plus connues comme celle de Victor, l'enfant sauvage de l'Aveyron, décrit par Itard au XIXe siècle.
Un siècle plus tôt, Marie-Angélique Leblanc aurait réussi à survivre seule, dans la forêt, pendant plus de dix années, sans utiliser le langage articulé. Découverte tardivement dans un grand état d'ensauvagement, elle a pourtant présenté un recouvrement complet de ses facultés intellectuelles, notamment langagières, et s'est montrée capable, avec un enseignement adapté, d'apprendre à lire et à écrire.

Le rôle des parents dans le développement du langage oral

La plupart des adultes ignorent leur expertise en matière d'accompagnement précoce du langage de l'enfant. Très tôt en effet, les parents babillent avec leur bébé, créent des jeux d'alternance de communication, énoncent des syllabes que l'enfant reproduit, avec une intonation plus aiguë, bref, ils « parlent bébé »… C'est ce que les linguistes ont appelé le « mamanais », ou *motherese*, qui, en plus d'une fonction d'entraînement sur-mesure, stimule l'enfant par le plaisir que l'adulte lui envoie en retour. Il a, dès lors, de bonnes raisons de se montrer attentif pour jouer le jeu.

De même, lorsque l'enfant, souvent par hasard, prononce deux sons répétitifs qui forment « pa/pa » ou « ma/ma », l'exultation de l'adulte en présence de ce qu'il identifie comme les premiers mots de l'enfant crée chez ce dernier un vif sentiment de plaisir et une irrésistible envie de reproduire le comportement verbal. C'est ainsi, par le plaisir partagé avec ses parents, qu'il accède à la maîtrise du langage !

Des premiers mots aux premières phrases

C'est durant sa première année que l'enfant va comprendre que le langage n'est pas un flux continu de sons, mais un assemblage de « mots ». Avec l'avènement des premiers mots, l'enfant accède à une dimension fondamentale de la pensée : la capacité à produire des symboles (appelée aussi fonction symbolique), c'est-à-dire à évoquer des réalités au moyen de signes ou de symboles différenciés. En conséquence, l'enfant peut conceptualiser le réel et habiller les choses avec des mots. Cette aptitude qui consiste à créer des symboles, à produire des concepts, est une des principales caractéristiques qui différencie la période du bébé de celle du jeune enfant. Elle lui permettra, plus tard, de produire des jeux symboliques, des scénarios imaginaires et de « faire semblant » (→ p. 34).

Vers 18 mois, il produit une cinquantaine de mots environ, surtout des noms, des verbes, des adjectifs et des onomatopées. C'est une étape charnière, après laquelle son vocabulaire va exploser. Les premiers mots ont la particularité de contenir beaucoup plus de signification que ce qu'ils expriment : par exemple, « ati » peut renvoyer à de très nombreuses situations de départ (« parti »). C'est ce qu'on nomme les « mots-phrases ». Puis les énoncés à deux mots apparaissent et, avec eux, la grammaire rudimentaire, permettant de lier, par exemple, un verbe et un nom, ou encore un adverbe et un nom (« manger bonbon » ; « veux maman » ; « encore papa », etc.).

Vers 24 mois, il produit déjà en moyenne environ 600 mots. C'est lors de cette nouvelle étape charnière que surgissent des mots-outils comme les déterminants, les pronoms, les conjonctions de coordination, etc. Au même moment, il se met à produire de petites phrases qui, bien qu'elles comportent une série d'erreurs, respectent en grande partie les contraintes grammaticales de la langue.

Durant toute cette période, les enfants s'imprègnent beaucoup du lexique et de la grammaire ambiants qu'ils perçoivent. Ils en répètent, autant qu'ils peuvent, les régularités qu'ils identifient. Le bain langagier dans lequel ils évoluent et leurs interactions avec les adultes constituent des ressources permanentes en ce qui concerne l'enrichissement de leurs capacités de communication.

Entre 3 et 6 ans : l'enrichissement du langage

Entre 3 et 6 ans environ, l'enrichissement du langage connaît une évolution considérable. Alors qu'à 3 ans, les enfants disposent en moyenne de moins de 1 000 mots, ils en acquièrent environ 500 par an jusqu'à l'âge de 6 ans : noms, verbes, pronoms personnels, adjectifs ou adverbes. Toutes les catégories grammaticales se développent et sont utilisées dans une syntaxe de plus en plus complexe, dont les principes s'automatisent grâce à l'éducation et aux apprentissages de l'environnement. Progressivement, l'enfant parle de plus en plus aisément et sans effort, il « automatise » le langage oral, et s'en approprie la complexité grammaticale. Il devient souvent, à cet âge, un vrai moulin à paroles et un enquêteur permanent du monde extérieur, comme en témoignent les innombrables « pourquoi » qui laissent parfois les parents désemparés !

En plus d'être un outil de socialisation incontournable, le langage est aussi un levier indispensable pour comprendre le monde environnant et les règles qui le régissent. Avec l'école et les apprentissages scolaires, toutes ces compétences acquises en langage oral sont « recyclées », vers 5-6 ans, dans une nouvelle modalité de communication et de connaissance : le langage écrit, c'est-à-dire la lecture et l'écriture.

Comment favoriser le développement du langage du jeune enfant ?

- **Comptabilisez le temps que votre enfant passe devant un écran** au cours d'une journée normale. À partir de ce chiffre concret, élaborez votre stratégie pour réduire le temps devant les écrans : pour les moins de 6 ans, évitez les écrans et pour les plus de 6 ans, 1 heure maximum par jour pour les jours sans école.
- **Favorisez les échanges verbaux** lors de temps partagés en famille, comme les repas.
- **Consacrez un temps à la lecture d'histoires** au moment du coucher.
- **Encouragez-le à raconter** avec ses propres mots ce qu'il a fait dans la journée.

- **Encouragez les jeux verbaux** lors des temps libres, par exemple à l'occasion d'un trajet en voiture.
- **Nommez les nouveautés** en utilisant le mot juste (il apprendra tout aussi bien « locomotive à vapeur » que « tchoutchou »).
- **N'hésitez pas à aider votre enfant** à surmonter ses défauts de prononciation, toujours avec bienveillance.

CONSEILS DE LECTURE

B. de Boysson-Bardies, *Comment la parole vient aux enfants*, Paris, Odile Jacob, 2005.

K. Karmiloff et A. Karmiloff-Smith, *Comment les enfants entrent dans le langage*, Paris, Retz, 2003.

Apprendre une seconde langue

Parler une seconde langue est très utile, non seulement pour voyager, mais aussi dans de nombreux domaines professionnels. Si on a appris une seconde langue à l'âge adulte, on sait d'abord que cela n'a pas été facile et ensuite que notre accent français est, pour la majorité d'entre nous, très présent, même si nos interlocuteurs étrangers le trouvent charmant ! Le bilinguisme est généralement défini comme la capacité d'utiliser plus d'une langue. L'apprentissage d'une nouvelle langue peut répondre à une grande variété de motivations et intervenir à différents moments de la vie, comme des exigences scolaires, une nécessité professionnelle, du tourisme ou encore un déménagement. Ces facteurs ont alors une influence sur la manière d'apprendre la seconde langue et sur le niveau de bilinguisme qui en résulte : d'un haut niveau, où un même concept est relié à un mot dans chaque langue, à un niveau plus bas où l'accès au concept de la seconde langue se fait par une traduction de ce dernier dans la première langue. Alors, faut-il faire apprendre une deuxième langue à notre enfant dès le plus jeune âge ? Quels sont les effets de cet apprentissage ? Sont-ils toujours positifs ? N'y a-t-il pas un risque d'interférences avec l'apprentissage de la langue maternelle ?

Un âge idéal ?

L'existence ou non d'une période au-delà de laquelle il ne serait plus possible d'acquérir une nouvelle langue jusqu'à un niveau de maîtrise similaire à celui de la langue maternelle n'est pas pour l'instant une question tranchée par les chercheurs. En effet, certains apprennent une seconde langue à l'âge adulte et parviennent à atteindre un niveau de performance digne des natifs de cette langue, et avec des progrès plus rapides que ceux observés habituellement chez les enfants. Ce résultat contre-intuitif pourrait s'expliquer par l'existence d'une base de compétences linguistiques généralisables que les différentes langues ont en commun. Cette base se constituerait et se renforcerait au travers de l'apprentissage de chaque langue. L'acquisition d'une langue peut ainsi être facilitée par les connaissances linguistiques préalables grâce à un phénomène de transfert interlangue. De ce fait, ces enfants bilingues qui ne possèdent pas encore cette base ne bénéficieraient donc pas de cet avantage dès le départ.

Par ailleurs, la comparaison entre adultes et enfants n'est pas aisée, car de nombreux autres éléments doivent être pris en compte, tels que le temps d'exposition à la langue, sa fonction ou encore les ressources attentionnelles de chacun. En effet, un adulte, qui apprend une langue en cours du soir après une journée de travail et le quotidien d'une famille à gérer, ne bénéficie pas de conditions comparables à celles d'un enfant qui apprend l'anglais en immersion, au jardin d'enfants par exemple. Une simple corrélation entre l'âge d'acquisition et la performance linguistique ne suffit donc pas. Certains aspects du langage seraient appris tout au long de la vie, comme le vocabulaire, tandis que d'autres deviendraient plus difficiles à acquérir avec l'âge, comme la syntaxe et la phonologie, tant au niveau de la perception que de la production (—> p. 156).

Le développement du langage chez un enfant bilingue est-il différent ?

D'une manière générale, le développement du langage chez des enfants bilingues simultanés n'est pas différent de celui des enfants monolingues. Les acquisitions se font dans le même ordre, à des âges similaires et avec les mêmes caractéristiques, bien que des différences en lien avec les spécificités de chaque langue puissent apparaître. La différence qualitative majeure réside dans le fait que les enfants bilingues font du « translangage », c'est-à-dire qu'ils mélangent les langues. Les enfants remarquent en général très vite que la langue avec laquelle on s'adresse à eux est différente selon l'interlocuteur et la situation, et deviennent capables, vers l'âge de 2 ans environ, de déterminer quelle langue utiliser avec qui.

Cependant, il est très rare que les deux langues se développent exactement en parallèle ; au contraire, les enfants bilingues vont souvent privilégier une langue puis l'autre, selon les périodes. Ils sont pour cela fortement influencés par le contexte social. Typiquement, un enfant qui commence l'école et remarque que ses camarades utilisent une langue en particulier aura tendance à privilégier celle-ci, même à la maison, pour « faire comme les autres ».

Les effets du bilinguisme

Des inquiétudes persistent encore chez les parents sur les potentiels effets négatifs d'un apprentissage de la seconde langue sur la première. Ces doutes sont probablement dus à quelques études réalisées dans les années 1970 qui ont été largement remises en question depuis. D'autres recherches ont montré que des programmes d'immersion linguistique chez des enfants à différents âges n'avaient non seulement pas d'effets négatifs, mais plutôt des effets positifs dans différents domaines. Ainsi, la gestion du multilinguisme demande nombre de capacités qui permettent de développer un vaste lexique, de maîtriser la syntaxe ou encore de passer d'une langue à l'autre sans les mélanger. Meilleure est la maîtrise de la seconde langue, plus les lexiques des deux langues sont reliés, et plus le risque d'interférences est élevé. Pour éviter les confusions possibles, des processus de contrôle tels que l'attention sélective, l'inhibition et la flexibilité interviennent. La pratique régulière du multilinguisme constitue alors en quelque sorte un entraînement de ces fonctions dont l'effet se généralise à court et à long terme. Enfin, la capacité à inhiber une réponse est meilleure chez les adultes bilingues précoces avec une pratique quotidienne des deux langues. La pratique du bilinguisme peut même être considérée comme un exercice de prévention du vieillissement cognitif !

CONSEILS DE LECTURE

B. Abdelilah-Bauer, *Le Défi des enfants bilingues*, Paris, La Découverte, 2014.
F. Grosjean, *Parler plusieurs langues : le monde des bilingues*, Paris, Albin Michel, 2015.

Apprendre à lire

L'apprentissage de la lecture à la grande école (à partir de 6 ans) se prépare lentement, progressivement et préalablement pendant les années précédentes (dès la crèche et à la petite école). Le jeune enfant doit nécessairement découvrir comment fonctionne le code écrit de sa langue et comprendre notamment le principe qui relie la lettre ou les groupes de lettres, appelés graphèmes, à un son élémentaire du langage parlé, le phonème. Par exemple, dans la syllabe « tour », les sons /t/, /u/ et /r/ sont trois phonèmes distincts. La difficulté principale de l'apprentissage de la lecture dans un système d'écriture alphabétique vient de la nécessité de comprendre que les caractères alphabétiques correspondent non pas à des syllabes, mais à ces petites unités élémentaires appelées phonèmes. L'identification des mots ne doit pas être un jeu de devinettes, et c'est la maîtrise des correspondances entre graphèmes et phonèmes qui va conditionner la réussite de l'apprentissage de la lecture. Ainsi, l'enfant doit parvenir à découvrir ce que l'on nomme le principe alphabétique.

La plupart des enfants ne peuvent pas découvrir le principe alphabétique spontanément, par simple exposition au matériel verbal. Ils doivent donc être accompagnés et aidés par un adulte compétent.

Décoder pour lire, lire pour comprendre

Il ne faut pas oublier que l'objectif principal de l'apprenti lecteur est de parvenir à comprendre ce qu'il lit comme il comprend ce qu'il entend. C'est pour cette raison qu'il doit, dans un premier temps, être capable d'identifier rapidement et précisément les mots écrits. Il est à noter que les difficultés de compréhension en lecture s'expliquent soit par des difficultés d'identification des mots écrits, soit par des difficultés de compréhension orale.

Pour identifier un mot écrit, l'enfant doit être capable de traduire la séquence de lettres d'un mot lu (graphèmes) en une séquence de sons (phonèmes). Cette capacité, appelée décodage, est un élément clé de l'apprentissage de la lecture dans une écriture alphabétique. On constate d'ailleurs que les enfants à 7-8 ans lisent essentiellement par décodage graphème-phonème. Cette procédure dominante leur permet de lire la plupart des mots français.

Pour aider l'enfant à comprendre ce qu'il lit de la même façon qu'il comprend ce qu'il entend, les adultes (et en tout premier lieu les enseignants) doivent l'aider à développer des capacités de décodage rapides et précises. Cependant, cette acquisition n'est pas facile et représente des défis pour le jeune enfant.

Le premier de ces défis provient du fait qu'il est difficile de distinguer les sons individuels (les phonèmes) dans les mots parlés, puisqu'ils ne sont pas distincts et sont imbriqués les uns dans les autres, en particulier les consonnes comme l'indique leur nom, qui sonne avec autre chose, en l'occurrence une voyelle. Les phonèmes ne sont pas prononcés les uns à la suite des autres, mais en un seul geste articulatoire à l'intérieur d'une syllabe, ce qui rend difficile leur identification consciente : par exemple, le mot « tour » est prononcé d'un seul coup, sans qu'il soit possible de distinguer clairement /t/ de /u/ ([ou]) de /r/. Ainsi, on conçoit bien l'importance que peuvent avoir des activités de conscience phonémique (prendre conscience que le langage parlé est constitué de séquences de phonèmes), qui va aider l'enfant à se focaliser sur des unités du langage difficilement accessibles.

Le second défi rencontré par le jeune enfant est lié à la consistance des correspondances graphème-phonème qui, dans l'idéal (si chaque graphème se prononçait toujours de la même façon), devrait être de 100 %. L'écriture de l'espagnol est proche de cet idéal, mais pas celle de l'anglais, le français se situant entre les deux, mais plus près de l'espagnol que de l'anglais, tout au moins pour la lecture. Ainsi, l'apprentissage de la lecture est facilité par la transparence de l'orthographe. Par exemple, les enfants anglais apprennent moins vite et moins bien à lire que les enfants français, qui eux-mêmes apprennent moins vite et moins bien que les enfants espagnols.

Nous savons que les activités systématiques sur les phonèmes et sur les correspondances graphème-phonème sont celles qui préparent le mieux les enfants à la lecture. Les effets de ces activités sont encore plus bénéfiques quand elles intègrent un support écrit visuel et tactile en relief. L'exploration visuelle et tactile de chaque lettre minuscule, ainsi que les gestes d'écriture aident les jeunes enfants (5-6 ans) à expliciter les correspondances entre les lettres et les sons. Dès la dernière année de maternelle, les élèves sont amenés à développer l'écriture cursive (« en attaché », comme disent les enfants). Ce type d'écriture impose des contraintes motrices fortes, notamment parce que les règles de production motrice ne sont pas les mêmes que pour le dessin, et nécessite des exercices appropriés afin que les élèves puissent maîtriser et automatiser le geste nécessaire pour produire les lettres et ensuite des mots plus rapidement.

Enfin, l'utilisation des correspondances entre graphème et phonème constitue un puissant mécanisme d'autoapprentissage. En effet, les enfants qui utilisent le plus le décodage au début de l'apprentissage de la lecture, par exemple ceux qui vont lire « sept » comme dans « septembre », ou ceux qui vont écrire « fame » à la place de « femme », sont ceux qui vont par la suite s'avérer capables de bien comprendre un texte écrit, même s'il contient des mots irréguliers.

Accompagner mon enfant dans son apprentissage

Voici plusieurs principes pour aider votre enfant à apprendre à lire :

- **Abordez les différents formats,** à savoir visuel, auditif, tactile et moteur, de chaque lettre cursive de manière simultanée et complémentaire.
- **Proposez les graphèmes et les sons correspondants** un par un, sans suivre l'ordre alphabétique, mais plutôt l'ordre de progression adapté aux caractéristiques de notre langue. Cet ordre résulte d'un compromis entre la fréquence de certaines lettres, auxquelles beaucoup de mots font appel, ou leur correspondance régulière avec un phonème (ils sont toujours prononcés de la même manière). Il est donc logique d'apprendre au début des correspondances régulières comme /a/, /i/, /l/, /m/, /t/, /p/, /r/, /d/ et /b/.

Plusieurs types d'activités pour chaque lettre peuvent être proposés aux enfants de 5-6 ans pour les préparer à l'apprentissage formel de la lecture à 6 ans :

- **Proposez des lettres isolées** fixées ou aimantées sur un support, et à partir de son exploration visuelle et tactile (yeux ouverts puis fermés), l'enfant doit apprendre à connaître sa forme et son nom, voire le son qu'elle a quand elle est au début d'un mot.
- **Proposez ces mêmes lettres,** mais en faisant varier leur orientation sur un tableau : l'enfant va ainsi apprendre à reconnaître son unique orientation correcte.
- **Invitez les enfants à tracer chaque lettre** (avec son doigt, un surligneur, un crayon, etc.), avec plus ou moins d'indices visuels (flèches, pointillés, lignes, etc.), et à partir des tracés, l'enfant va construire chaque forme correspondante.
- **Prononcez le phonème correspondant à chaque lettre,** et à partir de son écoute, l'enfant va apprendre à connaître le son correspondant, puis commencer à établir un lien entre le son et la forme visuelle de la lettre. C'est plus facile pour les voyelles, qui peuvent se prononcer seules (et donc correspondre à une syllabe), que pour les consonnes qui « sonnent » toujours avec une voyelle. Privilégier les consonnes qui peuvent faire un son continu, comme /f/ dans « feu », /s/ dans « se », /v/ dans « vœux ».

CONSEILS DE LECTURE POUR LES ENFANTS

É. Gentaz (dir.), *Je découvre la lecture et l'écriture majuscule dès 4 ans*, Paris, Play Bac, 2014.

É. Gentaz (dir.), *Je découvre la lecture et l'écriture minuscule dès 5 ans*, Paris, Play Bac, 2014.

CONSEILS DE LECTURE POUR LES PARENTS

S. Dehaene (dir.), *Apprendre à lire. Des sciences cognitives à la salle de classe*, Paris, Odile Jacob, 2011.

L. Sprenger-Charolles et P. Colé, *Lecture et dyslexie*, Paris, Dunod, 2003.

zoom sur…

LE PLAISIR DE LA LECTURE

Les jeunes enfants désirent apprendre à lire, à écrire ou à compter bien avant d'entrer à la grande école. Pour apprendre à lire et à écrire, le défi pour les petits consiste à découvrir et à comprendre le principe selon lequel les 26 lettres de notre alphabet sont reliées à des sons élémentaires du langage parlé et peuvent ainsi former, en les regroupant, une infinité de mots et de phrases.

Les enfants adorent qu'on leur lise des histoires. Apprendre à lire va leur permettre de satisfaire ce plaisir de manière autonome et en totale liberté.

Un futur Picasso ? L'évolution des dessins

Il nous arrive de griffonner, de gribouiller, de dessiner… et nous ne sommes pas les seuls ! Nous n'en avons parfois plus conscience, mais cette activité qui consiste à produire des traces, ayant ou non du sens, accompagne notre développement. Cette activité nous a aidés à construire notre schéma corporel, à nous représenter notre espace proche et même à apprendre à écrire.

Pour les jeunes enfants, le dessin constitue une activité d'une extraordinaire richesse, impliquant le schéma corporel, la motricité fine, la créativité et des échanges relationnels. Quand nous observons les dessins d'un groupe d'enfants du même âge, nous voyons de très grandes différences dans les compositions dont la forme comme le fond dépendent non seulement du développement sensori-moteur, cognitif et affectif, mais aussi du destinataire du dessin et du moment de sa réalisation. Cependant, il existe des stades dans l'évolution des dessins chez les jeunes enfants qui correspondent à des étapes de son développement.

Des gribouillis, pour commencer

Vers l'âge de 1 an, le bébé est déjà capable de saisir et de tenir un crayon adapté à sa main et de laisser une trace. Il s'agit là des prémices du dessin : c'est le célèbre gribouillage. Durant ce stade, la production est uniquement constituée de traits et de points qui ne représentent rien de défini et qui n'est pas inscrite dans un projet destiné à avoir du sens. On peut y repérer des points qui laisseraient penser à des yeux, une forme globale plus ou moins arrondie laissant imaginer une tête ou un corps, mais c'est, durant cette phase, le plaisir et le contrôle psychomoteur qui priment sur une quelconque volonté de représenter quoi que ce soit. Le dessin n'a de réelle signification que pour les adultes qui observent l'enfant et l'encouragent dans son activité.

Gribouillage et langage, le début des dessins symboliques vers 2 ans

Dès l'âge de 2 ans, l'enfant commence à se projeter dans des productions qui se chargent progressivement de sens. Bien souvent, il y est, consciemment ou non, poussé par son entourage qui l'interroge sur la signification de ses réalisations, ce qui contribue à stimuler son imagination. Le jeune enfant découvre, à ce stade, le pouvoir de l'image et ses capacités à représenter des objets absents.

Dès cette phase, l'activité de dessin pour le jeune enfant lui est non seulement utile pour affiner ses capacités sensori-motrices et prégraphiques, mais aussi pour développer ses capacités à symboliser et à représenter des objets et des situations abstraites. Ces deux fonctions expliquent en grande partie le formidable intérêt de la plupart des jeunes enfants pour cette activité, qui a, en plus, la propriété de les absorber entièrement. Par ailleurs, le dessin fait souvent office de cadeau et possède donc, intrinsèquement, des vertus émotionnelles et relationnelles très fortes, aussi bien pour les enfants que pour les parents qui affichent souvent ces présents sur les murs.

Vers 3 ans, l'enfant devient capable de tracer des formes fermées comme des ronds, des carrés ou des ovales, dont nous distinguons clairement le dedans et le dehors. C'est le début d'une grande série de classiques dans le dessin d'enfant : les figures humaines. À ce stade, l'enfant peut composer des bonshommes rudimentaires faits d'un cercle et de deux traits : c'est le célèbre bonhomme têtard.

Du « réalisme fortuit » au « réalisme manqué » entre 3 et 4 ans

Vers l'âge de 3 ans, l'enfant accède à un nouveau stade. Il prend l'habitude de donner du sens à ses dessins, mais il le fait souvent *a posteriori* : il se rend compte qu'il peut donner une signification à certaines formes alors qu'elles n'en avaient pas au départ – il peut même attribuer plusieurs sens au même dessin : c'est le début du réalisme, mais il est encore fortuit. Le langage vient en appui du sens donné pour apporter une narration parfois surprenante pour les adultes qui y prêtent l'oreille. L'enfant profite d'ailleurs souvent de la narration de son dessin pour y ajouter des détails et des ornements rudimentaires. L'ensemble n'est pas toujours reconnaissable par celui qui le regarde, pourtant sollicité pour donner son approbation ! Il est important à cette phase de « donner le change » et de féliciter l'enfant pour son œuvre, afin de l'aider à développer sa confiance et son estime de soi.

La découverte par l'enfant de la possibilité de représentation de la réalité le conduira à rechercher de plus en plus le réalisme avec une intention de départ. Le stade du réalisme fortuit cède le pas, à 4 ans environ, à une autre phase, dite de réalisme manqué. À ce stade, l'enfant cherche à produire quelque chose de concret, mais ses capacités sensori-motrices et cognitives ne sont pas encore suffisamment développées pour que ses projets aboutissent.

Du « réalisme intellectuel » au « réalisme visuel » entre 5 et 9 ans

Les dessins des enfants entre 5 et 9 ans sont de plus en plus précis, s'enrichissent de nombreux détails et deviennent de véritables médias d'expériences réelles, de jeux imaginaires ou de scénarios conjuguant les deux. Mais comme les enfants de 5-6 ans ont des difficultés à se mettre à la place de l'autre (→ p. 57), leurs dessins possèdent encore les caractéristiques de ce mode de pensée égocentré : les proportions ne sont pas toujours respectées, les objets sont juxtaposés et non entremêlés, le relief et la profondeur ne sont pas encore au point.

Ce n'est que vers l'âge de 9 ans que l'enfant abordera le dernier stade de développement du dessin, celui du réalisme visuel, qui est celui qui se rapproche le plus de la représentation du réel.

CONSEILS DE LECTURE

G.-H. Luquet, *Le Dessin enfantin*, Paris, Delachaux et Niestlé, 1991.
P. Wallon, *Le Dessin d'enfant*, Paris, PUF, coll. « Que sais-je ? », 2012.

LE DESSIN ET LA PEINTURE

L'un des exemples les plus parlants du développement sensori-moteur est l'évolution des dessins de « bonhommes », du premier bonhomme têtard au joli personnage, en passant par l'acquisition progressive des bonnes proportions corporelles.

Droitier ou gaucher ?

C'est bien connu, nous vivons dans un monde majoritairement composé de droitiers. Environ 90 % des adultes présentent en effet une préférence latérale à droite, un pourcentage qui varie selon les cultures. Un peu moins des 10 % restants sont gauchers. Et le tout petit pourcentage résiduel n'est ni l'un ni l'autre, mais dispose d'une habileté similaire des deux côtés : ce sont les ambidextres. C'était par exemple le cas d'Henri Poincaré, de Léonard de Vinci ou encore de Jimi Hendrix.

L'expertise que nous développons dans l'utilisation d'une main privilégiée pour la manipulation d'outils est intimement liée au développement neurologique, *via* ce que les scientifiques nomment la dominance cérébrale d'un hémisphère. Il s'agit d'un phénomène universel dû à la spécialisation d'un hémisphère cérébral dominant pour la motricité volontaire et par la maturation de l'organe reliant les deux hémisphères, appelé le corps calleux (→ figure 4, p. 85).

Toutefois, le lien entre préférence manuelle et spécialisation hémisphérique fait encore l'objet de débats et de recherches à l'heure actuelle.

Les préférences latérales

La latéralité ne concerne pas seulement les mains… Il existe aussi une dominance pour les membres inférieurs ou encore pour la vision avec la préférence d'un œil dit directeur, utile par exemple pour regarder dans une longue-vue. Comment émerge cette préférence ? Les chemins de la préférence latérale sont plus complexes et incertains qu'un programme génétiquement déterminé !

Ils dépendent, certes, de facteurs génétiques et neurologiques, mais aussi de préférences individuelles, d'expériences de vie, d'habitudes motrices et, bien entendu, de facteurs culturels. La prévalence de la gaucherie en France a évolué dans les dernières décennies de 4 à 10 % en raison d'un changement des méthodes éducatives : la répression envers les gauchers a largement diminué dans la société.

Le saviez-vous ?

Les gauchers n'ont malheureusement toujours pas bonne presse alors que nous savons que cette préférence n'a aucune conséquence sur le développement cognitif des enfants. En France, il est même organisé une journée nationale des gauchers qui a lieu le 13 août. Dans certains pays d'Asie, on considère que tenir ses baguettes de la main gauche est un signe d'impolitesse, et les sinogrammes ne s'écrivent d'ailleurs qu'avec la main droite ! De même, en Occident, la main gauche (en latin *sinistra*) a longtemps été associée à des significations très négatives. N'utilise-t-on pas d'ailleurs le terme « gauche » comme synonyme de « maladroit » ou de « pataud » ? D'où une tendance éducative ancienne à « forcer » une préférence latérale à droite ou à s'inquiéter qu'un enfant utilise préférentiellement sa main gauche. D'ailleurs, certains individus, dits ambidextres, étaient originellement gauchers mais ont développé des habiletés à droite, soit par forçage éducatif, soit d'eux-mêmes, afin de limiter les gênes fonctionnelles liées au fait d'évoluer dans un monde de droitiers. Et pour cause ! De nombreux outils du quotidien sont fabriqués pour une utilisation droitière : c'est le cas des appareils photo, des ciseaux, des voitures, des ouvre-boîtes et de la plupart des instruments de musique.
Quoi qu'il en soit, il est préférable de laisser à l'enfant l'initiative de la spécialisation vers le côté qu'il privilégie et de laisser libre cours à l'autonomie dans ses conduites d'adaptation, au risque de « forcer » la latéralisation et de produire ce que la psychologie nomme des « gauchers contrariés » !

Dans d'autres pays, asiatiques et arabes en particulier, la main gauche continue d'être mal-aimée et elle est réservée pour les activités non nobles. Même si cette pression culturelle tend à l'heure actuelle à se relâcher, écrire et découper reste encore une activité pour la main droite.

Le développement de la spécialisation latérale

Le développement sensori-moteur, postural, tonique, mais aussi visuel, participe au développement des bases de la latéralité qui ne va devenir stable qu'après de longues années. Par exemple, vers 4 mois, la saisie volontaire est nettement observable, mais elle est encore aléatoire dans la préférence manuelle : pour un même bébé, elle peut changer très rapidement selon les conditions. Par ailleurs, l'acquisition de la station assise vers 6-7 mois permet au bébé de libérer ses mains de la fonction de maintien et de locomotion à quatre pattes et de développer une habileté de plus en plus fine dans la saisie et la manipulation bimanuelle. Ainsi, vers la fin de la première année, les très jeunes enfants utilisent leurs deux mains de manière combinée et complémentaire sans latéralité établie. À partir de 2 ans et demi, on commence parfois à observer une préférence latérale en lien avec la spécialisation hémisphérique, même si certaines fluctuations dans la préférence subsistent encore.

Après 4 ans, on assiste à une stabilisation et même à un renforcement de la latéralité avec l'utilisation répétitive de la main dominante dans les activités courantes comme la préhension, le toucher ou la manipulation. Vers 6-7 ans, pour les activités de motricité fine, l'asymétrie latérale d'un côté ou de l'autre est généralement acquise. Dans ce long cheminement vers l'expertise latérale, toutes les expériences de manipulation du quotidien y participent et concourent à une maturation progressive : saisie des aliments, manipulation de couverts, graphisme, collages, jeu de balles.

CONSEIL DE LECTURE

J. Fagard, *Le Développement des habiletés de l'enfant*, Paris, CNRS, 2001.

Apprendre à écrire

La lecture et l'écriture ont probablement révolutionné l'évolution de l'humanité. Ces inventions géniales ont permis de codifier les connaissances afin de les transmettre par-delà les distances et le temps. Dans nos sociétés industrialisées, savoir lire et écrire est une condition essentielle d'intégration sociale, culturelle et économique.

Écrire permet d'exprimer notre pensée au moyen d'un système conventionnel de symboles générés sur un support par des mouvements manuels. C'est une activité quotidienne qui nous demande peu de ressources cognitives parce que son fonctionnement est automatisé. En conséquence, nous oublions que c'est une activité complexe qui nécessite la maîtrise et la coordination d'habiletés diverses, cognitives, perceptives et motrices. Pour s'en convaincre, il suffit d'essayer d'écrire ces phrases avec notre main dominante, puis avec l'autre : nos tracés sont plus lents, plus hésitants, plus grands et nous obligent à nous concentrer sur notre geste. Il devient alors difficile d'écouter ou de faire attention à autre chose et nous ressentons de la fatigue.

L'enseignement de l'écriture

Cette longue et complexe conquête humaine qui s'est exercée sur des millions d'années, le jeune enfant la réalise, de nos jours, en huit ou neuf ans, au terme d'un apprentissage long, répétitif, formel et spécifique. Apprendre à écrire dans notre langue alphabétique consiste globalement à acquérir une représentation visuelle de la lettre, qui guide sa production, et une représentation motrice, spécifique à chaque lettre. L'enseignement de l'écriture fait partie des apprentissages fondamentaux de la grande école. Toutefois, dès la maternelle, l'enfant acquiert des compétences nécessaires à l'acte graphique, il est sensibilisé à l'écriture et apprend à écrire son prénom en lettres majuscules, scriptes et cursives, à copier quelques mots, à écrire sur une ligne, puis progressivement entre deux lignes. Plusieurs niveaux d'étude de l'écriture, qui se distinguent par la taille des unités prises en compte et les processus impliqués, sont étudiés selon notamment l'âge des enfants : le tracé de lettres (niveau sensori-moteur), la production de mots (niveau orthographique) et la production de textes.

Au commencement est le *grasping* réflexe

Au carrefour de la motricité, de la perception visuelle et du tonus, la trace écrite est avant tout dépendante du développement de la dextérité manuelle, appelée aussi motricité fine. Bien avant la pince digitale permettant de tenir avec agilité un crayon ou un feutre, le bébé vient au monde avec un petit bagage réflexe : le *grasping*. Si nous déposons quelque chose dans la paume de sa main, il le serre. Cet équipement réflexe – qui disparaît dans les premières semaines de vie – permet au très jeune enfant de développer une aptitude initialement assez grossière : la saisie. Cet acte moteur et intentionnel se raffine durant tout le développement précoce et gagne en précision. Entre 20 et 28 semaines, le bébé saisit un petit objet à pleine main. Puis, entre 28 et 32 semaines, le pouce est spécifiquement mis au service d'une saisie entre la paume et le pouce. Enfin, le bébé de 36 semaines est capable d'effectuer une saisie fine entre le pouce et l'index : c'est le début de la pince digitale qui lui permettra, beaucoup plus tard, de manier crayons, stylos, pinceaux, appelés plus généralement outils scripteurs.

Le plaisir de tracer

Tous les jeunes enfants font l'expérience de la trace dans des contextes multiples, bien en amont des activités de dessin (ou de prégraphisme) proprement dites. Par exemple à la plage, ils constatent des traces dans le sable, font l'expérience de traces dans la boue, dans la nourriture ou dans l'eau. Bref, le principe de trace est très présent dans leur environnement, et c'est donc avec un plaisir non dissimulé qu'ils deviennent, très tôt, des apprentis traceurs dans toute sorte de matières et avec toute sorte d'objets. Assez tôt, ils découvrent l'existence d'outils spécifiquement conçus pour cette activité, s'en saisissent et s'en amusent ! Ces expériences sont si jubilatoires qu'elles constituent autant de cadeaux que les enfants tiennent à offrir à leurs parents. Dès l'âge de 1 an, la plupart d'entre eux gribouillent, souvent même sur des espaces inattendus, ce qui permet parfois aux parents d'admirer de magnifiques fresques sur les murs de leur salon ! D'ailleurs, l'humanité n'a-t-elle pas produit, sur des parois ou dans des grottes, des peintures qui suscitent toujours un grand enthousiasme ?

Plus tard, vers 3 ans, l'enfant apprend à limiter son espace de réalisation à des périmètres bien définis, comme les feuilles de papier ou des morceaux de carton. Ils doivent, pour ce faire, développer un contrôle moteur sur le geste lancé. Avant d'écrire, les enfants apprennent généralement donc à dessiner (→ p. 171). Or ces deux activités sont fondamentalement différentes.

Écrire n'est pas dessiner

L'écriture n'est pas un ensemble de dessins, mais un codage de sons précis en signes graphiques spécifiques. Vers l'âge de 4 ans, les enfants sont capables de faire la différence entre lettre et dessin et produisent alors des pseudo-lettres, c'est-à-dire des formes aléatoires exercées volontairement sous contrôle moteur et qui sont censées représenter des sons. Ils se montrent d'ailleurs bien plus sérieux et studieux lorsqu'ils réalisent les premières lettres que lorsqu'ils composent des dessins, durant lesquels ils sont plus détendus et moins concentrés. Vers l'âge de 5 ans, l'enfant entre dans une nouvelle phase dite précalligraphique, durant laquelle la conscience phonologique est intégrée dans la production écrite, témoignant ainsi de la jonction fondamentale entre l'écriture et la lecture.

J'écris donc je suis !

Généralement, la première production de l'enfant est l'écriture de son prénom en lettres majuscules. Ce sont aussi les lettres de son prénom avec lesquelles le jeune enfant est le plus familier. Puis viennent « Papa », « Maman », et les prénoms des personnes qu'il a investies émotionnellement. Bien souvent, ces productions sont autant de cadeaux pour les personnes concernées, ce qui a pour fonction de motiver l'enfant. Il est, dès lors, très important d'apporter aux enfants des retours positifs sur leurs productions. L'écriture, en effet, ne peut être réduite à un acte purement moteur, perceptif ou cognitif. L'écriture est aussi une affaire de sentiments, de plaisir, de personnalité, d'estime de soi, de regard de l'autre et d'esthétique. En félicitant un enfant sur la qualité de ses premières traces écrites, c'est aussi l'estime et la confiance qu'il a en lui-même que nous contribuons à construire.

De l'écriture majuscule à l'écriture cursive

Les enfants commencent par découvrir et appréhender une écriture très rectiligne, en majuscules, plus communément appelée écriture bâton. Puis, en grande section de maternelle (autour de 5 ans), ils devront apprendre à faire correspondre les lettres majuscules et les lettres cursives, riches de courbes, d'entrelacements et de graphies complexes. De plus, ces écritures doivent s'insérer dans des contraintes standardisées, des feuilles de cahier avec des lignes dont la hauteur va diminuer entre la petite école (3 ans) et le début de la grande école (6 ans) : généralement papier avec un interlignage de 4 millimètres (dit Seyes, ou « lignage maternelle », ou encore « double ligne ») à 2 millimètres (« grands carreaux »). Cette complexité explique en partie que le stade calligraphique en tant que tel n'est atteint que vers 8-9 ans. C'est alors que les enfants peuvent enfin profiter des effets de l'automatisation de l'écriture : puisqu'ils ont automatisé les tracés des lettres, ils peuvent dès lors utiliser leurs ressources cognitives et attentionnelles (⟶ p. 80) pour composer des phrases, puis un texte.

L'écriture en miroir, un phénomène ordinaire

Beaucoup de parents s'inquiètent que leur enfant continue, assez tardivement (jusqu'à l'âge de 6 ans et demi), de produire des lettres et des chiffres à l'envers, comme s'ils étaient destinés à être lus dans un miroir. C'est aussi le cas parfois avec les lettres et chiffres graphiquement proches (comme 7 et J, B et 3, ...). Faut-il s'en inquiéter ? S'agit-il de dyslexie ? Est-ce parce qu'il serait en fait gaucher ? Que les parents et les enseignants se rassurent, ce n'est aucunement synonyme d'un trouble du développement !

L'écriture en miroir est en fait une étape dans le processus d'apprentissage de la lecture et de l'écriture, et serait probablement une conséquence du phénomène de « recyclage neuronal » (→ p. 142). En effet, nous avons vu qu'apprendre à lire consiste à recycler une petite aire cérébrale afin qu'une partie des neurones qui s'y trouvent réorientent leurs préférences vers la forme des lettres et leurs combinaisons. Dans l'aire de la forme visuelle des mots, l'apprentissage de la lecture conduit à une augmentation de la réponse neuronale aux mots, mais aussi à une diminution des réponses neuronales à tout ce qui n'est pas de l'écriture, comme les visages. Chez l'enfant de moins de 6 ans non lecteur, la région visuelle qui servira à la lecture n'est pas inactive. Elle ne répond pas encore bien aux lettres, mais elle reconnaît d'autres formes, telles que les objets ou les visages. Or cette aire cérébrale est stimulée automatiquement par des vues symétriques en miroir qui correspondent à un seul et même objet. Dans la nature, s'il est avantageux de reconnaître un arbre, un tigre ou un visage sous n'importe quel angle, cette propriété est devenue un désavantage pour l'apprentissage de la lecture : l'enfant doit distinguer les lettres p et q, b et d (qu'on appelle « lettres en miroir »), alors que sa percéption visuelle les juge identiques. La plupart des enfants confondent transitoirement ces lettres en miroir. La « boîte à lettres » du cerveau doit désapprendre la ressemblance entre elles. L'apprentissage du geste d'écriture aide les enfants à différencier précocement l'orientation des objets.

Pour aider son enfant à dépasser cette étape d'écriture en miroir, il est possible de proposer une approche multisensorielle d'appréhension de la forme exacte des lettres : par exemple, lui proposer d'explorer avec son index les lettres en relief, en faisant varier leurs tailles, plusieurs fois, de plus en plus vite, d'abord avec les yeux ouverts puis avec les yeux fermés, puis d'associer ces gestes d'exploration à des gestes de tracés en commençant par exemple avec un surligneur.

CONSEILS DE LECTURE

F. Bara et É. Gentaz, « Apprendre à écrire », Paris, *Médecine et Enfance*, 2007.
S. Dehaene, *Les Neurones de la lecture*, Paris, Odile Jacob, 2007.

Zoom sur… LES PREMIÈRES LETTRES

Écrire son prénom à 5 ans est une tâche très difficile qui nécessite la maîtrise et la coordination d'habiletés diverses, cognitives, perceptives et motrices. Les enfants commencent par écrire en majuscules. Puis, autour de 5 ans, ils apprennent à faire correspondre les lettres majuscules et les lettres cursives. Il arrive fréquemment que les enfants mélangent les différentes formes d'écriture dans un même mot, comme le font également la plupart des adultes quand ils prennent des notes.

L'enfant qui a acquis la maîtrise des lettres majuscules aime beaucoup copier des modèles proposés par l'adulte ou écrire ses premiers mots en phonétique.

L'écriture cursive nécessite une grande maîtrise de la motricité fine, mais la beauté des lettres ainsi formées constitue une source de motivation pour les jeunes enfants.

Apprendre à compter

Bien au-delà des mathématiques, l'usage des nombres constitue une compétence humaine souvent méconnue tant nous les utilisons spontanément tout le temps, sans nécessairement nous en rendre compte, et ce, dès l'enfance : « Je pars à 15 h 15 », « Attends deux minutes », « Je suis à 3 kilomètres ». Indissociable des connaissances sur le temps et sur l'espace, le nombre s'infiltre partout : dans nos activités quotidiennes, dans la logique, etc. Même le bébé est, dès sa venue au monde, capable de faire la différence entre deux quantités !

Des bébés et des nombres

On sait aujourd'hui que l'être humain, tout comme certains animaux, possède dès la naissance une sorte d'intuition numérique appelée sens du nombre. Chez le très jeune bébé, cette intuition va se manifester par le fait de différencier et de reconnaître des ensembles d'objets, comme le nombre d'objets vus ou touchés, ou le nombre de sons entendus. Cette capacité, d'abord un peu grossière, s'affine avec l'âge et avec l'éducation, permettant de faire la différence entre des quantités de plus en plus proches. À 6 mois, un bébé parvient à différencier un ensemble de 8 points d'un ensemble de 16, mais pas un ensemble de 8 d'un ensemble de 12. L'adulte, lui, parvient à différencier un ensemble de 10 points d'un ensemble de 11 au premier coup d'œil.

Quand il s'agit de toutes petites quantités, le bébé est également sensible à certaines opérations arithmétiques, comme les additions et les soustractions. Pour démontrer cette compétence, les chercheurs placent devant le bébé un objet derrière un panneau, puis ajoutent un autre objet derrière ce cache, toujours sous le regard de l'enfant. S'ils retirent le cache et qu'il ne reste plus qu'un seul objet (grâce à un trucage expérimental), le temps de fixation des nourrissons est significativement plus long que lorsqu'ils voient les deux objets. Cette réaction de surprise à la nouveauté (→ p. 142) montre que les bébés disposent, à cet âge, de la capacité à effectuer le raisonnement suivant : un objet plus un autre objet équivaut à deux objets (1 + 1 = 2).

En conclusion, ces compétences précoces pourraient constituer les bases probables de l'acquisition plus tardive des notions de quantité et de nombre au cours du développement de l'enfant.

Le saviez-vous ?

Les mathématiques sont particulièrement chargées émotionnellement et négativement chez beaucoup d'adultes, et particulièrement chez les femmes. En effet, on a montré que la peur des mathématiques et le sentiment d'incompétence dans ce domaine se transmettaient de manière non verbale, dans le cadre scolaire ou familial, et en particulier par les femmes elles-mêmes. L'intégration de ces stéréotypes par les jeunes adolescentes induit même chez elles une diminution des performances scolaires dans cette discipline.

1, 2, 3, 5, 8, 12, 3 ! Comment les nombres viennent-ils aux enfants ?

Conjointement à la représentation des quantités (par exemple, ■ ■ ■) qui continue de se développer, l'enfant de 2 ans entre dans le langage et découvre les nombres symboliques, verbaux et arabes. Ainsi, l'enfant entend et produit des mots-nombres comme « trois », sans nécessairement en comprendre la signification. C'est par les trois premiers nombres (1, 2, 3) que l'enfant commence à associer ces mots-nombres aux quantités qui leur correspondent. Ces petites quantités ne sont pas traitées comme les autres, puisque nous n'avons pas besoin de compter les objets un par un pour savoir qu'il y a trois bonbons ou deux cailloux par exemple. Notre cerveau perçoit d'emblée leur quantité. Par contre, à partir de 4, ce n'est plus le même processus qui entre en jeu, et la tâche devient beaucoup plus difficile puisqu'il va falloir compter les objets un par un, c'est-à-dire les dénombrer.

Avec les débuts de la lecture et de l'écriture, l'enfant découvre les nombres symboliques sous leur forme arabe. Il est alors très important de consolider les liens entre ces trois représentations des nombres – quantité, mot-nombre et chiffre arabe –, qui sont traitées dans des zones différentes du cerveau, respectivement dans la région intrapariétale, dans le cortex temporal gauche et dans le cortex visuel (⟶ figures 3 et 4, p. 84 et 85).

Je compte sur mes doigts

Ce n'est pas un hasard si le système numérique se base sur la dizaine. Nous disposons, en effet, au bout des bras, de formidables machines à calculer : nos mains ! Chacun sait que le pouce levé renvoie à 1 unité. Et que deux doigts en forme de V font 2... En même temps qu'il acquiert la suite numérique verbale (1, 2, 3, 4, 5...), le jeune enfant apprend progressivement que des doigts dressés et/ou repliés renvoient à des mots-nombres précis tels que 2, 3, 5, etc. Il intègre ainsi des schémas moteurs manuels qui deviennent familiers, par exemple les cinq doigts de la main étendue renvoient au mot « cinq ». Cette association est utile au développement du nombre en général, et l'enfant pourra connecter cette connaissance à l'interface du corps et du langage à d'autres connaissances logiques qui s'acquièrent dans le même temps. L'utilisation des doigts sera également très importante au début de l'arithmétique pour effectuer des petits calculs.

Les étapes du dénombrement

En même temps que se stabilise la suite numérique comme un ordre de mots régulier et immuable, l'enfant apprend à pointer ou à toucher des objets tout en la récitant. Il commence donc par associer de manière aléatoire les mots-nombres à des activités de manipulation. Progressivement, grâce au développement de ses capacités attentionnelles, il apprend à pointer un objet particulier en associant un mot-nombre et un seul... Il s'agit de l'acquisition d'un principe fondamental dans ce cheminement vers le nombre : c'est le principe de bijection qui se développe vers l'âge de 4 ans environ.

On considère que la logique du nombre n'est véritablement acquise que lorsque l'enfant l'utilise comme argument princeps pour expliquer que, malgré le changement de forme d'un ensemble d'objets disparates, la quantité d'objets est toujours la même. Cette acquisition, qui est observable entre 6-7 ans chez la plupart des enfants, est considérée comme une étape importante dans leur développement cognitif et nécessaire aux apprentissages de l'école élémentaire. Dès lors que l'enfant peut raisonner à partir de symboles désignant des quantités, il peut apprendre à en ajouter, à en soustraire, à transcrire, à combiner ces opérations selon des conventions guidées par les mathématiques, l'arithmétique, etc. C'est, pour lui, l'entrée dans un monde nouveau qui lui permettra d'édifier des règles scientifiques sous-tendant de nombreuses connaissances sur le monde : les mathématiques.

Comment soutenir son apprentissage ?

- **Comptez à voix haute** avec votre enfant depuis son plus jeune âge : les marches, les pommes dans le panier à fruits, etc.
- **Montrez-lui les chiffres** quand vous en croisez dans votre quotidien : la répétition aidera votre enfant à les apprendre (→ p. 153).
- **Faites le lien** entre des événements de la vie de votre enfant et des nombres : son anniversaire et le nombre de bougies, le bouton de l'ascenseur qui correspond à l'étage auquel vous habitez, etc. Ainsi l'enfant comprendra qu'il y a une logique, même s'il ne la maîtrise pas encore et sera intrigué.
- **Utilisez des objets quotidiens** et concrets pour intéresser l'enfant aux nombres et aux calculs : des sous à la caisse d'un magasin, les couverts à mettre pour chaque assiette, les kilomètres au compteur de la voiture et la vitesse du véhicule, etc., afin qu'il perçoive l'utilité de l'apprentissage.

CONSEILS DE LECTURE

S. Dehaene, *La Bosse des maths, quinze ans après*, Paris, Odile Jacob, 2010.
M. Fayol, *L'Acquisition du nombre*, Paris, PUF, coll. « Que sais-je ? », 2012.

zoom sur ...

COMPTER AVEC SES DOIGTS

Avec les débuts de la lecture et de l'écriture, l'enfant découvre les nombres symboliques sous leur forme arabe. Il est alors très important de consolider les liens entre ces trois représentations des nombres – quantité, mot-nombre et chiffre arabe. En même temps qu'il acquiert la suite numérique verbale (1, 2, 3, 4, 5...), le jeune enfant apprend progressivement que des doigts dressés et/ou repliés renvoient à des mots-nombres précis tels que 2, 3, 5, etc. Il intègre ainsi des schémas moteurs manuels qui deviennent familiers, par exemple les cinq doigts de la main étendue renvoient au mot « cinq ». L'enfant va appliquer très fréquemment cette technique de comptage, aussi bien dans les moments de jeux que dans la vie quotidienne.

Lorsque l'enfant a acquis la maîtrise du comptage, il prend beaucoup de plaisir à dénombrer tout ce qu'il observe et manipule.

Compter ensemble permet à chacun d'apprendre.

Les effets bénéfiques du jeu

Le jeu apparaît spontanément au cours du développement de l'enfant, quelles que soient les cultures. C'est un moment essentiel car il est à la fois un plaisir et un moyen de se préparer à la vie adulte. À travers le jeu, l'enfant peut acquérir bon nombre de compétences cognitives, comme l'attention, la concentration (→ p. 80) et la logique (→ p. 196) et de compétences socio-émotionnelles. Pour cela, il faut que le niveau de difficulté du jeu se situe dans ce que les psychologues nomment la zone proximale de développement. En d'autres termes, le jeu doit être suffisamment difficile pour l'enfant de manière à ce qu'il perçoive la difficulté comme un défi et que cela le motive à s'impliquer au maximum. Cependant, ce jeu ne doit être ni trop difficile ni trop facile, car, dans les deux cas, l'enfant ne sera pas motivé pour s'y investir.

Il existe différents types de jeux qui contribuent aux apprentissages de votre enfant, et votre collaboration est souvent requise !

Les jeux sensori-moteurs

Les jeux sensori-moteurs comprennent deux catégories : l'une implique des manipulations fines, les puzzles par exemple, et l'autre se base sur des activités physiques, comme jouer au ballon. La première catégorie favorise-elle les activités solitaires des enfants et la seconde les activités sociales ?

Quand on examine les jeux sensori-moteurs des enfants âgés de 2 ans et ceux de 3 ans, on se rend compte qu'ils permettent une importante orientation vers les aspects sociaux, sans pour autant se décentrer du matériel de jeu. À ces âges-là, les jeux physiques ne créent pas plus de conflits que les jeux de manipulation. Au contraire, ils encourageraient même des interactions positives avec les pairs. Chez les plus petits, une légère augmentation des conflits entre pairs est constatée. En effet, les activités physiques provoquent plus de chahut et d'activations physiologiques, et les jeunes enfants ont plus de mal à se réguler que les plus âgés.

L'activité physique est aussi un moyen d'améliorer les capacités cognitives des enfants. Elle sollicite ainsi, dans les jeux demandant des coopérations sociales et stratégiques complexes, les fonctions cognitives supérieures comme l'attention (→ p. 80), la mémoire de travail (→ p. 112), la planification de l'action et l'inhibition. Un de ses autres avantages est qu'elle contribue à améliorer les capacités cardio-respiratoires.

Les chercheurs examinent des enfants de 6 à 10 ans dans quatre conditions qui diffèrent selon leur niveau d'activité cognitive (faible ou élevé) et d'activité physique (faible ou élevé) demandé. Dans la première condition, les enfants ont pu voir une vidéo en condition contrôle, dans la deuxième jouer à un jeu en réseau sans activité physique, dans la troisième jouer à un jeu répétitif n'encourageant pas l'activité cognitive ou dans la quatrième jouer à un jeu physique constitué de plusieurs tâches. C'est cette dernière condition qui demande le plus haut niveau d'activité physique et d'activité cognitive. Les résultats montrent qu'un seul épisode d'activité physique combinée avec une activité cognitive élevée améliore les performances cognitives supérieures comme l'inhibition, la planification de l'action, et la mémoire de travail. L'activité cognitive élevée ou l'activité physique élevée n'ont pas d'effet si elles sont effectuées seules.

Les jeux symboliques

Les jeux symboliques sont basés sur le concept du « faire semblant » (→ p. 34). Ils nécessitent de coordonner plusieurs composantes : ce que l'on prétend, la réalité, des capacités de représentation mentale dépassant la réalité et la conscience que l'élément prétendu est différent de la réalité. Les jeux symboliques ont une influence positive sur de nombreuses dimensions du développement. Ils pourraient avoir un sens dans l'évolution de l'être humain. Chez les animaux par exemple, les jeux de bagarre serviraient à acquérir une grande variété de comportements sociaux et reproducteurs. De la même façon, les jeux symboliques entraîneraient l'enfant à comprendre les comportements simulés. Il pourrait alors acquérir, de cette façon, les bases lui permettant de comprendre les situations d'escroqueries, le mensonge et les ambiguïtés sociales.

Pour résumer, on peut dire que les jeux moteurs permettent d'augmenter les capacités sociales et cognitives des enfants. Les jeux symboliques, eux, jouent un rôle dans les capacités socio-émotionnelles. Ils aident à acquérir les compétences nécessaires à la compréhension des intentions des autres. Ils sont également un excellent moyen de communication pour l'enfant en lui permettant de montrer son ressenti émotionnel.

Les quatre interventions : « faire faire », « faire avec », « donner à faire » et « laisser faire »

La manière dont nous intervenons, de façon générale, quand un enfant joue devant nous ou quand nous le faisons jouer est révélatrice, en partie, de la façon dont nous nous représentons son niveau de développement et ses capacités. Dans ces conditions, il est très important de bien réfléchir à toutes les manières dont nous pouvons intervenir. Quatre types d'intervention sont possibles :

- « **Faire faire** » : cette intervention est très classique et prédominante, elle est efficace et ne génère pas de conflits. « Je fais faire. Je suis le maître du jeu. Je suis, en général, l'arbitre, etc., et c'est moi qui pilote toute l'activité. Je donne les règles et les consignes. »
- « **Faire avec** » : cette intervention est assez rare. L'adulte ne définit pas forcément les règles. Il peut simplement jouer avec l'enfant et avoir le même statut dans le jeu ; il n'est pas obligatoirement l'arbitre.
- « **Donner à faire** » : la troisième catégorie d'intervention est plus difficile à mettre en œuvre sans culpabiliser : « Je me mets en retrait. Je prépare l'ensemble du matériel, je le mets à disposition, je prépare des stands, des ateliers, des espaces, mais, ensuite, je ne pilote plus. » L'enfant (ou le groupe d'enfants) joue tout seul et il se débrouille.

- **« Laisser faire » :** cette quatrième et dernière catégorie d'intervention est très difficile à accepter pour le parent, car elle remet en question son statut d'adulte responsable : « Je laisse faire. Je lui fiche la paix. »

Aucune intervention n'est bonne ou mauvaise en soi. C'est l'utilisation exclusive d'un type d'intervention qui peut poser problème. L'utilisation exclusive du « faire faire » implique une présence permanente de l'adulte et suggère une conception de l'enfant incapable de conduire une activité seul. Il s'agit d'une intervention qui ne favorise pas la créativité et l'autonomie de l'enfant. De même, l'utilisation exclusive de « faire avec » questionne le statut de l'adulte responsable. On peut jouer avec les enfants sans tenir le rôle d'arbitre ou d'intervenant, c'est-à-dire de celui qui pose les règles, mais il y a parfois des enfants, ou des groupes, qui ne souhaitent pas respecter la règle, exigeant ainsi des arbitrages. Enfin, les interventions exclusives « donner à faire » ou « laisser faire », si elles sont très importantes et appréciées des enfants, peuvent aussi engendrer, respectivement, de l'ennui au bout d'un certain temps, des risques, voire des dangers.

L'utilisation conjointe de ces quatre interventions est donc indispensable, et les différences essentielles vont résider dans leur dosage respectif. Ce dosage représente le « marqueur » du style éducatif des parents ou des adultes responsables (éducateurs, animateurs, enseignants, etc.).

CONSEIL DE LECTURE

J. Piaget, *La Formation du symbole chez l'enfant : imitation, jeu et rêve, image et représentation*, Paris, Delachaux et Niestlé, 1992.

zoom sur…

LE PLAISIR DE JOUER

Les enfants adorent jouer, à tout moment et très souvent, aussi bien avec des jeux de manipulation et de construction (puzzles, Kapla, sable, etc.) qu'en pratiquant des activités physiques comme tout simplement courir ou faire du vélo. Ces jeux leur permettent d'avoir des activités solitaires ou collectives, selon leurs besoins ou leurs envies du moment. Sans compter que, avec les jeunes enfants, toutes les activités de la vie quotidienne peuvent facilement se transformer en jeu !

Les jeux de manipulation et de construction favorisent le développement sensori-moteur et cognitif des enfants. Lorsqu'ils sont faits à plusieurs, ils permettent de développer en plus des capacités prosociales.

Les activités physiques sont essentielles au développement psychologique de l'enfant.

Un scientifique en herbe

Pour l'être humain, la pensée logique ou scientifique est une opération mentale fréquente qui permet de s'adapter au monde physique et social, assurant sa survie, de le comprendre et de le transformer de manière incessante. D'où la recherche scientifique, la mathématique, l'astronomie, la physique, la biologie, la psychologie, etc., disciplines qui ont toutes pour point commun de reposer sur une base commune, le raisonnement logique.

Comment la logique vient aux bébés

Les bébés ont des capacités logiques insoupçonnées. En effet, ils sont déjà sensibles aux lois de la physique de Newton. Par exemple, vers l'âge de 6-8 mois, ils savent que si un objet solide est lâché dans le vide, il tombe. Ils vont d'ailleurs l'expérimenter souvent, afin d'en tester la véracité dans différentes conditions, comme faire tomber un objet depuis leur chaise haute, inlassablement. Si, par un trucage expérimental, un objet lâché dans le vide flotte, comme s'il était en apesanteur, alors les bébés marquent un temps de fixation oculaire plus long, comme si le phénomène leur paraissait étrange, comme s'ils percevaient là un événement illogique qui, dès lors, attire leur attention (→ p. 142).

L'enfant range le monde : comment se developpe la classification

À partir de ses capacités précoces, le jeune enfant déploie d'incroyables capacités de classification du monde qui l'entoure, tant en ce qui concerne les sons que les figures humaines, les animaux ou les objets. Par exemple, il se familiarise très tôt avec certains sons comme les phonèmes (→ p. 165) qu'il identifie comme réguliers et qu'il range par catégories. De même, il est capable de différencier ce qui est vivant de ce qui ne l'est pas, ce qui est humain de ce qui est animal, ce qui lui est familier de ce qui lui est étranger. Il prend petit à petit conscience de ce qu'il sait déjà, en apprenant leur nomenclature. Le monde des sensations se développe aussi selon un système de classes comme le dur, le mou, le chaud, le froid, le doux ou le rugueux. D'où l'importance, pour le très jeune enfant, de sentir, de manipuler, de toucher, de tester concrètement les phénomènes physiques du monde qui l'entoure. Cette exploration multisensorielle (→ p. 90) servira par la suite au développement de la pensée logique. Enfin, l'enfant va également commencer à se comparer aux autres et à constater des différences physiques entre lui et eux.

L'enfant apprend à nuancer le monde : développement de la sériation

En parallèle avec la construction de « familles », de catégories qui permettent au jeune enfant de « ranger » le monde, se développe aussi la capacité de le nuancer. Ainsi, dès 3 ans et avec l'acquisition de mots servant à la pensée logique, l'enfant produit des gradations dans les objets et les phénomènes qu'il perçoit. En effet, tel ou tel objet sera considéré comme plus grand ou plus petit, tel son sera identifié comme plus ou moins fort, tel aliment comme plus ou moins agréable, telle sensation comme plus ou moins vive. Cette capacité logique lui permet d'élaborer des séries, ou suites, et d'intégrer dans sa logique du monde le relief des nuances qui le composent.

Le langage et la pensée logique

Avec l'avènement du langage oral (→ p. 156), la logique du jeune enfant se développe à la croisée de deux phénomènes fondamentaux : l'action sensori-motrice et l'action langagière. Leur coordination conduit à l'action en pensée. Les mots servent ainsi la catégorisation et font le jeu des similarités. Ils permettent aussi d'émettre des nuances – et donc des différences. Des opérateurs et des connecteurs logiques verbaux apparaissent et enrichissent

Le saviez-vous ?

Les bébés, dès l'âge de 2 mois, savent qu'un objet caché derrière un support continue d'exister indépendamment de leur perception. Ce principe logique, appelé permanence de l'objet, constitue une étape primordiale dans le développement de la pensée logique des très jeunes enfants.

le discours avec « plus », « moins » ou « pareil ». Avec l'enrichissement du vocabulaire, vers 3 ans, les opérateurs temporels et spatiaux donnent encore au monde physique de nouvelles profondeurs : celles du temps et de l'espace. Le jeune enfant, à cet âge, n'a pas encore de notion mathématique de la durée et des longueurs (minutes, heures, secondes, mètres). Il se réfère alors à son expérience propre et bien souvent immédiate.

L'enfant bâtisseur de théories naïves

Le développement logique de l'enfant peut être comparé à celui de la recherche scientifique : un mystère se présente, il suscite la curiosité et le besoin de comprendre, puis l'installation de théories « naïves », d'hypothèses, d'expérimentations et enfin de conclusions.

Dans le monde où il vit, l'enfant est confronté à une multitude de phénomènes qu'il n'explique pas, mais pour lesquels il construit des systèmes de croyances plus ou moins explicites. Ces théories sont dites naïves car non scientifiques, mais elles ont parfois une certaine logique par leur caractère pertinent et cohérent dans le système d'explication propre à l'enfant. Par exemple, pour concilier l'information transmise culturellement selon laquelle la Terre est ronde alors qu'elle nous apparaît plate, certains enfants se la représentent comme une grosse boule à moitié remplie de terre sur laquelle vivent les gens.

Ces explications « naïves » cèdent progressivement le pas à des phénomènes logiques, scientifiques, qui se développent au carrefour de la connaissance par l'expérimentation et de l'enseignement des adultes. La science n'évolue-t-elle pas de la même manière, en posant des hypothèses incertaines et en découvrant ensuite des lois qu'elle cherche à vérifier comme immuables ? N'a-t-on pas eu à découvrir le principe de flottaison ? de rotondité de la Terre ? de rotation autour du Soleil ?

Entre 3 et 6 ans : la pensée prélogique et égocentrée

Une des caractéristiques de la pensée du jeune enfant est qu'elle est égocentrée, c'est-à-dire centrée sur son propre point de vue (⟶ p. 57). L'enfant pense par exemple que vous voyez la même chose que lui, alors que vous êtes placé de l'autre côté de l'objet regardé : par exemple, si vous êtes devant un dessin de tortue, l'un la voit sur ses pattes et l'autre sur le dos. Les enfants de ces âges-là ont alors des difficultés à suivre des règles du jeu communes et partagées entre tous les joueurs puisque chacun adopte ses propres règles et pense que les autres suivent les mêmes. Il est à ce propos amusant, lors d'une partie de cache-cache, de voir des petits se cacher les yeux et tourner le dos aux autres joueurs, pensant ainsi ne plus être visibles, alors même que le reste de leur corps n'est pas caché ou qu'ils font du bruit. La coordination des multiples points de vue auxquels l'enfant accède par expérience lui permettra, progressivement, de se décentrer et d'acquérir des principes logiques qui ne dépendent pas que de lui-même, mais qui sont partagés par l'ensemble des êtres humains : c'est le point de vue dit allocentré.

Le temps de la logique mathématique et le devenir de la pensée logique

Vers l'âge de 6 ans, l'enfant accède à une nouvelle période de développement de la pensée logique, caractérisée par le fait qu'il peut raisonner sur du matériel concret sans se faire piéger par les apparences. Par exemple, si on verse le contenu d'un verre de jus d'orange dans un autre verre qui a une forme différente, il est capable d'expliquer avec des arguments logiques que la quantité est inchangée même si le niveau dans le verre est différent. C'est également à cette période que l'enfant cesse de croire à certaines histoires imaginaires, notamment celle du Père Noël, justement parce que son raisonnement logique l'amène à se rendre compte que certaines contraintes de temps et d'espace rendent la mission de ce dernier impossible !

Durant tout son développement, l'enfant continue pourtant à édifier des lois physiques expliquant le monde qu'il perçoit, conférant à la pensée logique un rôle de plus en plus important, jusqu'à l'abstraction totale des concepts désincarnés, qui intervient à partir de 11-12 ans.

CONSEILS DE LECTURE

O. Houdé, *La Psychologie de l'enfant*, Paris, PUF, 2005.

J. Lautrey, S. Rémi-Gérard, E. Sander, A. Tiberguein, *Les Connaissances naïves*, Paris, Armand Colin, 2008.

J. Piaget et B. Inhelder, *La Psychologie de l'enfant*, Paris, PUF, coll. « Quadrige », 2004.

zoom sur…

L'OBSERVATION

L'enfant qui grandit va s'approprier son environnement et l'explorer. Il en déduit les lois, la logique et la causalité par ce qu'il expérimente quotidiennement, comme ici par du transvasage. De plus, il bouillonne de questionnement et est intarissable : « pourquoi ? » « comment ? » « c'est qui ? » « d'où ça vient ? », et ne s'arrête que quand il trouve une réponse qui le satisfait. Il pourra ainsi catégoriser par la suite ce qu'il connaît, comme ici les graines, les racines, la tige, la plante, etc. C'est ce qui va lui permettre de structurer sa pensée. Armez-vous de patience (et de bons livres !) pour l'accompagner dans la compréhension de son environnement.

Conclusion

Nous espérons que la lecture de ce livre et la présentation du nombre incroyable de compétences des enfants, de leur émergence et de leur développement vous auront permis de construire ou d'affiner un portrait global du développement psychologique de votre enfant, de sa naissance à son adolescence.

Nous espérons aussi vous avoir convaincus de l'intérêt théorique et social que revêt l'étude du développement psychologique des enfants au fur et à mesure qu'ils grandissent. Les recherches dans ce domaine sont très nombreuses à travers le monde.

S'il nous semble très important que vous, parents, en sachiez un peu plus sur les compétences des enfants en général et celles du vôtre en particulier, il ne faut toutefois pas oublier que cela peut comporter des risques, notamment la surstimulation et la comparaison à une norme. Ainsi, la prise de conscience de toutes les compétences de votre enfant couplée à une forte pression sociale pourraient conduire certains d'entre vous à le surstimuler afin d'augmenter ses chances de réussite future. Ce n'est pas nécessaire : la plupart du temps, les enfants sont déjà suffisamment bien stimulés par un environnement familial « bienveillant ». Le « toujours plus » est parfois l'ennemi du bien ! Il faut que l'attention que vous consacrez à votre « petit génie » reste source de plaisir, ne soit pas vécue comme une contrainte en vue d'un résultat (au risque d'être déçu), et surtout prenne en compte sa singularité.

Une bonne connaissance des compétences des enfants peut également pousser certains à s'inquiéter rapidement s'ils constatent que leur enfant n'a pas acquis une compétence spécifique à l'âge « normal » indiqué. Or il faut bien garder à l'esprit que les résultats présentés dans ce livre ne sont que des moyennes statistiques établies à partir d'un grand nombre d'enfants typiques, c'est-à-dire sans trouble ni difficulté particulière, et qu'il existe une grande variabilité dans le développement des enfants. Souvent, il n'y a ni retard ni avance, mais juste l'expression de la nature même de votre enfant !

Finalement, ce que nous souhaitons plus que tout, c'est que la lecture de cet ouvrage vous permette de porter un regard éclairé et bienveillant sur votre enfant, et que l'« étincelle du chercheur » vous suive dans l'observation de son fascinant développement !

Index

Remerciements

Édouard Gentaz remercie Laurence, Anaëlle et Mattéo pour leur patience, leur soutien et leur amour. Il remercie aussi vivement ses collègues et amis, doctorant(e)s, postdoctorant(e)s et assistant(e)s pour leurs précieux conseils : Ivan Coullet, Nicolas Favez, Sophie Geistlich, Fanny Gimbert, Jennifer Malsert, Karine Mazens, Christel Nigg, Amaya Roux, David Sender, Liliane Sprenger-Charolles, Anne Theurel, Christine Tochon, Danyelle Valente. Édouard Gentaz n'oublie pas de mentionner tous les professionnels ainsi que les enfants et leurs parents qui nous ont permis d'achever nos recherches théoriques et/ou appliquées dans de très bonnes conditions. Enfin, il souhaite remercier les différentes institutions qui l'ont aidé dans ses recherches ou continuent à le faire : l'Université de Genève, le Fonds national suisse, le CNRS, les universités René-Descartes-Paris-V et Grenoble-Alpes, la Fondation Fyssen, la région Rhône-Alpes, le ministère de la Recherche et l'Agence nationale de la recherche (ANR).

Solange Denervaud remercie avant tout Jonas, qui motive quotidiennement ses réflexions sur le développement de l'enfant, et Léonie, qui a rejoint cette heureuse aventure. Nicolas, pour son soutien inconditionnel de longue date et pour son ouverture de cœur et d'esprit. Ses chaleureux remerciements vont également naturellement à Nadine, Pascale et Jean-Marc, pour leur accompagnement de toujours. Et finalement, elle remercie de tout cœur Édouard, pour sa vision humaine et joyeuse des sciences, sa générosité et son enthousiasme, et sans qui toute cette démarche n'aurait pas été possible.

Léonard Vannetzel remercie avant tout Jessica, Arthur et Victoria, pour leur patience, l'énergie, la tendresse et l'inspiration qu'ils lui apportent chaque jour. Il remercie également ses coauteurs, Édouard et Solange, pour cette aventure unique et enrichissante. Enfin, ses remerciements vont à tous ses collègues, partenaires professionnels et amis qui l'accompagnent, au quotidien, dans son engagement auprès des enfants et de leur famille.

Les trois auteurs remercient chaleureusement Odile Jacob pour sa confiance, et Émilie Barian pour son aide précieuse.

Conception graphique et réalisation • Claire Rouyer

N° d'édition : 7381-3497-X
Dépôt légal : septembre 2016

Imprimé en France